Dror Mishani

Fenster ohne Aussicht

Tagebuch aus Tel Aviv

Aus dem Hebräischen
von Markus Lemke

Diogenes

Zitatnachweis am Ende des Bandes

Der Diogenes Verlag wird vom Bundesamt für Kultur
für die Jahre 2021–2024 unterstützt

Diogenes Verlag AG Zürich
www.diogenes.ch
100/24/852/1
ISBN 978 3 257 07308 9

Inhalt

TEIL I
Schock und Mobilisierung
(7.10.–14.10.2023)

La grande guerre a commencé. Samstag, sechs Uhr morgens. Ich wache im Hotel in Toulouse auf und sehe, es ist eine Nachricht von Martha gekommen: »Guten Morgen. Hier geht's drunter und drüber, aber so richtig.« In diesem Moment, ehe wir telefonieren, bin ich sicher, bei uns zu Hause ist irgendetwas passiert. Etwas, das nur uns betrifft. Vielleicht ist die Waschmaschine schon wieder kaputt und hat die Wohnung unter Wasser gesetzt. Vielleicht ist eines der Kinder krank. Als ich Martha anrufe, erzählt sie mir, sie seien vom Luftalarm geweckt worden und säßen jetzt im Schutzraum. Aus Gaza kämen sehr viele Raketen.

In Toulouse ist es noch dunkel. Ich stehe langsam auf, putze die Zähne. Noch habe ich den Plan nicht abgeschrieben, zu einer morgendlichen Joggingrunde am Ufer der Garonne aufzubrechen, vor einem langen Tag und unzähligen Lesungen und Veranstaltungen auf dem Krimifestival, das der Grund meiner Reise ist. Aus Gaza werden immer mal wieder Raketen auf Tel Aviv abgefeuert, bestimmt alle paar Monate. Und meine Frau Martha ist es, obwohl nicht Israelin, schon gewohnt, mit den Kindern in den Luftschutzraum zu gehen. Außerdem gibt es noch den Iron Dome, der Tel Aviv schützt und die Raketen in aller Regel am Himmel abfängt.

Erst als ich den Computer anschalte und auf israelische Nachrichtenseiten gehe, fange ich an zu verstehen, dass diesmal etwas anderes los ist. Ein Video wird wieder und wieder ausgestrahlt, weil Fernsehsender und Nachrichtenportale noch kaum Informationen haben über das, was sich im Süden des Landes abspielt. In dem Video sieht man einen weißen Pick-up mit Hamas-Kämpfern, die Uniformen tragen, denen der israelischen Armee nicht unähnlich. Der Pick-up hält mitten in der Stadt Sderot, vor der Polizeistation, die Bewaffneten springen herunter und schießen in alle Richtungen. Niemand erwidert das Feuer. Ein Privatwagen gerät in die Straße und kommt neben dem Pick-up zum Stehen. Einer der Bewaffneten tritt zu dem Wagen und richtet den Fahrer hinter dem Steuer hin.

Nach und nach kursieren weitere Videos. Einige sind von Israelis aufgenommen, von Balkonen aus oder durch die Sonnenblenden vor den Fenstern ihrer Wohnungen, andere von den Terroristen selbst. Man sieht Männer in Uniform – teilweise auf weißen Pick-ups, teilweise auf Motorrädern oder zu Fuß –, die den Grenzzaun des Gazastreifens durchbrechen und ungehindert nach Israel eindringen. Sie tragen Maschinengewehre, Granatwerfer und Munitionsgurte. Laufen durch die Straßen israelischer Ortschaften – und schießen wahllos um sich.

Reporterinnen und Moderatoren in den Studios verstehen nicht, was gerade geschieht. Hunderte von Raketen gehen weiterhin überall im Land nieder. Wo ist die Armee? Gerüchte machen die Runde, Terroristen seien in Kibbuzim eingedrungen und hätten Armeestützpunkte unter ihre Kontrolle gebracht. Einwohner aus dem Süden rufen bei Fernsehsendern an, werden live zugeschaltet und berichten flüsternd, sie seien in Schutzräumen gefangen, hörten vor dem geschlossenen Fenster Stimmen auf Arabisch – und Schüsse. Erst im Nachhinein werden wir begreifen, dass wir Zeugen eines Massenmords an Zivilisten werden, live übertragen. »Kommt und holt uns hier raus«, ruft eine Frau weinend. »Warum kommen keine Soldaten, um uns zu retten?« Aus dem Schutzraum, in dem sie sich mit ihren Kindern versteckt hält, hört sie, wie Terroristen in ihr Haus eindringen, es durchsuchen, sich der Schutztür nähern, die Klinke niederdrücken und versuchen, die Tür aufzuschießen. Niemand kommt ihr zu Hilfe. Ich schicke eine kurze Nachricht an Marie-Caroline Aubert, meine Freundin und Lektorin beim französischen Verlag Gallimard, um sie zu warnen, dass ich meine Reise womöglich abkürzen muss. Schreibe: MERDE. LA GRANDE GUERRE A COMMENCÉ.

Zurück nach Hause? Um zehn, als ich beim Veranstaltungszelt des Literaturfestivals eintreffe, ist mir bereits klar, dass ich meinen Rückflug nach Tel Aviv, der übermorgen von Paris gehen soll, vorverlegen muss. Immer mehr Raketen fliegen in Richtung Tel Aviv, und Martha und die Kinder sind nach wie vor im Schutzraum. Ich habe ein schlechtes Gewissen – die Organisatoren des Festivals haben mein Flugticket und Hotel bezahlt, und jetzt bitte ich noch vor der ersten Lesung darum, früher abzureisen. Deshalb wohl bausche ich das Ausmaß der Attacke auf, als ich ihnen die Lage schildere. (Auf den französischen Nachrichtenseiten fangen sie gerade erst an, darüber zu berichten.)

Es habe Dutzende von Toten gegeben, man spreche bereits von unserem 9/11, und die Antwort der Armee werde nicht auf sich warten lassen und massiv ausfallen. Ein Krieg stehe unmittelbar bevor.

Innerlich aber glaube ich noch gar nicht recht, was ich da erzähle. Auch wenn ich Marie-Caroline etwas vom »GROSSEN KRIEG« geschrieben habe. Ich habe das Gefühl, zu flunkern oder zu übertreiben, vielleicht, weil ich in jenen Stunden die Dimension des Mordens und den Abgrund der Katastrophe, in die es uns stürzen wird, nicht wahrhaben will. Vielleicht ist es trotz allem nur ein Anschlag mehr, auf den unsere Luftwaffe mit Bomben auf Ziele im Gazastreifen reagieren wird – und das war's? Aber jedes Mal, wenn ich auf eine der israelischen Nachrichtenseiten gehe, stelle ich fest: Ich habe den Festival-Leuten nicht nur nichts vorgemacht, die Lage ist viel schlimmer, als ich sie ihnen – und mir selbst – geschildert habe. Die Raketen waren nur ein Ablenkungsmanöver, unterdessen dringen Terroristen weiter in Ortschaften und Städte im Süden des Landes ein und bringen wahllos Zivilisten um. Unweit der Grenze zum Gazastreifen hat ein großes Open-Air-Musikfestival stattgefunden, die Terroristen richten ein Massaker unter den Scharen von Feiernden an, die versuchen, um ihr Leben zu fliehen. Die Armee ist noch immer nicht auf der Bildfläche erschienen, es sind vor allem Polizisten oder Privatpersonen, die gegen die Hamas-Männer kämpfen, mit Pistolen oder Messern oder auch nur mit bloßen Händen.

Ich sitze derweil noch immer am Stadtrand von Toulouse in einem Veranstaltungszelt, hinter einem Tisch, auf dem meine Bücher in Stapeln liegen. Signiere sie für Leserinnen und Leser, die eines davon kaufen, antworte freimütig jedem, der mit mir über Kriminalliteratur sprechen möchte. Alle paar Minuten verdrücke ich mich in die Raucherecke, um die Nachrichten zu checken und zu erfahren, ob die Organisatoren des Festivals einen früheren Flug nach Tel Aviv für mich gefunden haben. Sie buchen Flüge bei jeder nur möglichen Airline. Und alle werden innerhalb kürzester Zeit annulliert.

Als ich S. anrufe, eine gute Freundin, um zu hören, wie es ihr geht, erzählt sie mir, sie sei verzweifelt auf der Suche nach Flugtickets, um mit ihrer Familie das Land zu verlassen, egal wohin, und dass es keine Tickets mehr gebe, alle seien innerhalb von Minuten ausverkauft gewesen. Zum ersten Mal denke ich, dass es vielleicht ein Fehler ist zurückzufliegen. Ich könnte ebenso gut in Frankreich bleiben, und Martha und die Kinder fliegen her. Oder sie könnten versuchen, Flugtickets nach London zu kriegen, und zu Marthas Eltern fahren, und ich würde dann den Zug nehmen und sie dort treffen. Wenn der Abgrund der Katastrophe, in den wir stürzen, so bodenlos ist, muss ich sie und die Kinder dann nicht dort herausholen?

Ich rufe Martha an und bitte sie, im Schlafzimmer mit mir zu reden, damit die Kinder unser Gespräch nicht mithören. Ich frage, wie es ihr geht. Sie und unsere Tochter Sarah kleben seit dem Morgen im Schutzraum vor dem Fernseher, und die Bilder seien grauenerregend. Sarah ist auch in den sozialen Netzwerken unterwegs und sieht dort offenbar veritable Horrorvideos. Sie halte vor Martha verborgen, was sie dort sieht: Menschen, die live und vor laufender Kamera hingerichtet werden. Leichen, die in Brand gesteckt werden. Es heißt, es gäbe auch Videoaufnahmen von brutalsten Vergewaltigungen.

»Willst du mit den Kindern hierherkommen?«, frage ich und hoffe, sie nicht zu sehr in Panik zu versetzen.

»Meinst du, wir sollten?«

»Ich weiß nicht.«

Ich weiß es nicht. Was ich befürchte, will ich nicht aussprechen. Danach rufe ich meinen Bruder Ariel an. Er war in einer Kampfeinheit, hat im Libanon gedient, danach seinen Reservedienst unter anderem beim Inlandsgeheimdienst SHABAK geleistet. Er ist der Mensch, mit dem ich mich beraten kann. Er hat zwei kleine Töchter und schwankt vielleicht auch, ob sie bleiben oder fliehen sollen.

»Wann kommst du zurück?«, fragt er.

»Übermorgen. Ich versuche, früher zu fliegen, aber im Moment wird ein Flug nach dem nächsten annulliert.«

»Und hast du dort einen Ort, wo du bleiben kannst?«

»Ich denke schon.«

»Dann komm erst mal nicht zurück«, bestimmt er.

Als ich gegen Abend wieder im Hotel bin, gibt es bereits Videos von Entführungsopfern. Eine junge Frau (später erfahre ich, sie heißt Noa) wird auf einem Motorrad nach Gaza verschleppt und streckt die Hand nach ihrem Freund aus, der auf einem anderen Motorrad entführt wird. Im Fernsehen wird geraunt, die Zahl der Todesopfer könnte in die Hunderte gehen, aber es herrscht allgemein große Ungewissheit. Jetzt, da das Ausmaß der Katastrophe sich allmählich abzeichnet, kommt es einem vor, als sollte es nicht an die Öffentlichkeit. In einem Teil der Kibbuzim und der Armeestützpunkte dauern die Kämpfe noch immer an, nach etlichen Stunden. In den Rucksäcken von gefassten oder getöteten Terroristen finden sich jede Menge Munition, Landkarten, aber auch Datteln, Proviant für einen langen Aufenthalt. Möglich, dass einige von ihnen ins Landesinnere vorgedrungen sind und planen, auch dort Städte anzugreifen, genauso denkbar, dass weitere Angriffe erfolgen werden, aus dem Libanon oder dem Gebiet der Westbank.

Ich rufe erneut Martha an. Frage, ob die Kinder gerade bei ihr sind. Als sie verneint, sage ich, falls die Terroristen es bis nach Tel Aviv schaffen, könne sie sich mit den Kindern in dem kleinen Abstellraum in der Tiefgarage unseres Gebäudes verstecken, wo wir Koffer und Kisten mit alten Spielsachen aufbewahren. Er lässt sich von innen verschließen und ist möglicherweise sicherer als der Schutzraum, dessen Tür nicht richtig zugeht. (Ich sage mir schon seit Monaten, dass ich sie mal reparieren müsste.) Und ich bitte sie, Sarah nicht in den Plan einzuweihen, um sie nicht unnötig in Panik zu versetzen, doch Martha sagt: »Sie hat schon vor dir daran gedacht. Hat mir vorhin gesagt, wenn sie kommen, würde sie sich im Wäschekeller verstecken, oder im Abstellraum, in einem der Koffer.«

Die Festival-Organisatoren informieren mich, es lasse sich noch immer kein Flug nach Tel Aviv finden. Fürs Erste bleibe ich hier in Toulouse.

(Überlegen, verstehen: Warum guckst du dir von all den Videos immer wieder das eine an, auf dem eine junge Mutter zu sehen ist, die auf einem Motorrad in den Gazastreifen verschleppt wird, mit ihren beiden kleinen Töchtern im Arm? Plötzlich lässt sie sich seitlich vom Motorrad fallen und flieht

mit den Mädchen in Richtung Israel. Und niemand schießt auf sie. Auf einem anderen Motorrad wird ihr zwölfjähriger Sohn nach Gaza entführt, und er dreht sich um und sieht ihr nach, als sie sich immer weiter entfernt.)

*

Lässt sich ein Krieg vermeiden? Am nächsten Tag, wieder im Veranstaltungszelt in Toulouse, ist das Ausmaß der Katastrophe bereits allen klar: dem Organisationsteam, den anderen Autoren, den zahlreich erschienenen Leserinnen und Lesern, die an diesem Sonntagmorgen, vielleicht nach einem Café-Besuch oder nach dem Gottesdienst, gekommen sind, um Bücher zu kaufen und Autoren und Autorinnen zu lauschen, die über ihre Bücher sprechen. Alle sind liebenswürdig, einfühlsam, bedenken mich mit tröstenden Worten. Die Zahl derjenigen, die sich für meine Bücher interessieren, ist größer als am Vortag. Die Empathie der Menschen hat einen Effekt, den sie sicher nicht beabsichtigen. Sie verstärkt bei mir das Gefühl von Angst. Aus der Trauer und dem Bedauern in ihren Augen lese ich die Dimension des Unglücks. Ich nehme an zwei Panels über Detektivromane teil, habe aber das Gefühl, sie seien bedeutungslos, genauso wie meine Bücher, über die ich jetzt reden muss. Welchen Sinn hat es noch, einen ausgedachten Roman zu lesen über einen vom eigenen Vater ermordeten Sohn oder über eine Frau, die von ihrem Mann umgebracht wird, wenn an einem einzigen Morgen Hunderte von Männern, Frauen und Kindern in ihren Häusern oder auf ihrer Straße abgeschlachtet werden? »Ich habe angefangen, Kriminalromane zu schreiben, um die Wahrheit menschlicher Gewalt zu dokumentieren und den Versuch zu unternehmen, sie zu verstehen«, sage ich auf dem Podium. Aber was habe ich denn gewusst über das Böse und über Gewalt?

Als ich Martha aus der Raucherecke anrufe (ich rauche Zigaretten eigentlich immer nur zur Hälfte, aber seit gestern habe ich meine mir selbst zugestandene Tagesration schon weit überschritten), um ihr mitzuteilen, dass das Festival ein Ticket für einen früheren Flug für mich ergattert hat, erzählt mir Martha, dass ihre Eltern angerufen und ihr Vater angeboten habe, ihnen allen Flugtickets nach England zu kaufen. Es gäbe noch freie Plätze auf einem Flug, der in der Nacht von Tel Aviv nach Heathrow gehe. Marek, Marthas Vater, hat sich nie mit unserer Entscheidung damals vor zehn Jahren anfreunden können, Cambridge zu verlassen und in Israel zu leben. Möglicherweise zu Recht.

»Willst du fliegen?«

»Nein.«

»Bist du sicher?«

»Ja. Denkst du denn, das wird alles lange dauern?«

Diesmal spüre ich, ich muss ihr die Wahrheit sagen, was ich vom ersten Moment an empfunden und versucht habe zu verleugnen: Wir Israelis fühlen uns durch die Berichte in den Nachrichten an Schilderungen der osteuropäischen Pogrome erinnert. An Namen wie Chișinău und Kielce. Und die Bilder und Videosequenzen erinnern uns an die Schoah. Martha arbeitet in der Holocaust-Gedenkstätte Yad Vashem, forscht dort über Transporte von Juden in die Vernichtungslager während des Krieges, und sie kennt die Traumata, die jetzt im Bewusstsein aller Israelis hochgespült werden, aber möglicherweise versteht sie nicht, was die Reaktion darauf sein wird. Sie ist nicht Jüdin, ist nicht hier aufgewachsen und erzogen worden. Kennt das Grauen nicht, das die israelische Seele bestimmt. »Ich fürchte, unsere Antwort wird eine Großoffensive sein. Dass wir in einen Krieg schlittern, aus dem wir so bald nicht wieder herauskommen.« Auf verschiedenen Fernsehkanälen hört man bereits Forderungen, Waffen an alle Bürger auszugeben, damit sie ihre Familien gegen Terroristen verteidigen können, es werden Rufe laut, Gaza dem Erdboden gleichzumachen und sowohl die Hisbollah als auch den Iran anzugreifen, die bestimmt verantwortlich sind für das Massaker. Man bereitet uns auf einen Krieg um unsere nackte Existenz vor.

Ich denke, ja, sage ich zu Martha. Das Ganze wird lange dauern. Wer weiß, wie lange. Und das ist erst der Anfang, es wird noch viele Tote geben, in Israel und in Gaza, vielleicht sogar im gesamten Nahen Osten. Noch verlange ich von mir selbst keine Erklärung für meine Entscheidung, in dieses Katastrophen- und Gefahrengebiet zurückzukehren und meine Kinder dortzulassen, noch akzeptiere ich dies als instinktiven Schritt, aber ich weiß, eines Tages werde ich mir selbst, und vielleicht auch ihnen, mein Verhalten erklären müssen.

Jean-Paul, der Leiter des Festivals, fährt mich früh am nächsten Morgen zum Flughafen in Toulouse. Es ist ein herbstlicher Morgen, kühl und regnerisch, wie ich sie liebe und es sie in Israel kaum gibt. Auf dieser Reise habe ich solche Morgen in Pau, am Fuß der Pyrenäen, und auch in Bayonne, am Ufer des Adour, erlebt. Ich liebe diese Reisen mit dem Zug durch Europa über alles – die kleinen Hotels am Fluss oder am Bahnhof, die Buchläden, in denen ich literarische Schätze finde, die Begegnungen mit Leserinnen und Lesern und die Gespräche über Literatur, als gäbe es nichts Wichtigeres, ja vielleicht nichts anderes auf der Welt. Wer weiß, wann es wieder eine solche Reise geben wird? Wann wir wieder über Literatur reden werden?

Aber vielleicht ist ein Krieg ja noch zu vermeiden? Vielleicht hat es keinen Sinn, mit weiterer Gewalt die Katastrophe verhindern zu wollen, die sich bereits ereignet hat? Vielleicht sollten wir, anstatt anzugreifen und zu töten und denjenigen wehzutun, die uns wehgetan haben, jetzt einfach nur unseren Schmerz verarbeiten, und dann darüber nachdenken, wie sich die nächste Katastrophe verhindern lässt? Im Flugzeug von Toulouse nach Paris Charles de Gaulle entwerfe ich im Kopf einen Artikel gegen eine Entscheidung für den Krieg. Die ersten Zeilen schreiben sich wie von selbst:

> »Vielleicht sollten wir Gaza nicht ausradieren? Nicht durch eine Bodenoffensive und nicht einmal aus der Luft. Es nicht dem Erdboden gleichmachen, nicht zerstören, keine Rache üben? Vielleicht sollten wir die Härte des Schlags, den wir erlitten haben, anerkennen, das Ausmaß des Schmerzes, sollten die Niederlage eingestehen und nicht versuchen, sie umgehend durch einen vor-

geblichen Sieg zu tilgen, der in Wahrheit nur eine Fortschreibung des Leids wäre, seine Übertragung an einen anderen Ort, nach Gaza mit seiner Bevölkerung – und damit nichts anderes als seine Perpetuierung? Denn klar ist, dieses Leid wird aus einem zerstörten und ausgehungerten Gaza gestärkt zu uns zurückkehren, in ein, zwei oder fünf Jahren. Vielleicht sollten wir zunächst bloß die Gefangenen, die Entführten und die Leichname nach Hause bringen, unsere Angehörigen und Liebsten? Sollten die palästinensischen Häftlinge aus den Gefängnissen holen, sie in Bussen zur Grenze fahren und der Hamas anbieten, sie unverzüglich auszuhändigen – im Austausch gegen unsere dort festgehaltenen Eltern, Brüder, Schwestern und Kinder? Und auch danach – nicht reingehen, nicht in Schutt und Asche legen, nicht zerstören, nicht vernichten, sondern trauern, Shiv'a sitzen, Wunden verbinden und verbinden lassen. Und dann nachdenken. Zuerst einmal nachdenken.

Nachdenken nicht nur darüber, wie wir angreifen sollen oder den nächsten Angriff verhindern können, sondern darüber, wie wir hier mit unseren Nachbarn leben wollen, auch mit unseren derzeitigen Feinden – was nicht alle sind, das dürfen wir nie vergessen –, mit unseren Feinden, die vielleicht eines Tages, wenn sie sich eine würdigere Führung als die Hamas gewählt haben, und wir selbst uns eine würdigere Führung als die derzeitige gewählt haben, wieder zu unseren Nachbarn in Frieden werden können. Darüber nachdenken, ob Zerstörung und Tod als Reaktion auf Zerstörung und Tod tatsächlich der einzige gangbare Weg sind und ob dieser Weg bis jetzt irgendwelche Früchte getragen hat.«

Ich will das Schwert über euch bringen. Am Flughafen Charles de Gaulle warten in langen Schlangen Israelis, die nach Hause wollen, zurück in die Hölle. Viele von ihnen haben ihren Flug vorverlegt, und andere, die kein Ticket haben, bestürmen das Bodenpersonal, sie dennoch an Bord zu nehmen. Einige haben einen Mobilisierungsbefehl erhalten und sollen sich innerhalb von Stunden bei ihren Reserveeinheiten einfinden, Uniform und Waffe erhalten und in den Krieg ziehen.

Im Flugzeug treffe ich einen Freund, Schriftsteller und Drehbuchautor, der übers Wochenende nach Paris geflogen ist. Er hat einen wehrpflichtigen

Sohn, und unmittelbar, bevor wir unsere Telefone abschalten, erhält er die Nachricht, sein Sohn sei in den Süden verlegt worden. Mein eigener Sohn Benjamin wird erst in drei Jahren Militärdienst leisten, aber da die Kriege, die jetzt mein Bewusstsein fluten, verheerend und lang sind (der Zweite Weltkrieg, der Krieg in der Ukraine), denke ich angsterfüllt, dass auch er – dieser introvertierte Junge mit dem weichen Oberlippenflaum, der gerne kocht und backt und dessen fünfzehnten Geburtstag wir vor nicht einmal einem Monat gefeiert haben, zu Hause, mit einem mehrgängigen Menü, das er selbst gekocht hat – noch in diesem Krieg wird kämpfen müssen.

Auf dem Nachtflug ist es ganz still. Niemand schläft, aber Gespräche finden kaum statt. Wir alle sind von einem wohlvertrauten Ort aufgebrochen und wissen nicht, wie er sich bei unserer Rückkehr präsentieren wird. Ich versuche, einen Roman zu lesen, den ich auf dem Festival gekauft habe, schaffe es aber nicht. Er erzählt eine ausgedachte Geschichte über einen fiktiven Menschen, und die Sätze haben kein Gewicht, lösen sich in der dunklen Flugzeugkabine förmlich auf. Ich erinnere mich, dass ich Mitte September – vor Jom Kippur und damit lange vor dem Beginn dieses Krieges – wieder einmal im Buch Ezechiel gelesen habe, und spüre, das ist es, was ich jetzt lesen muss, die zornigen Weissagungen des Propheten, von dem Gott verlangt, das Unheil am eigenen Leib zu erfahren. Ich öffne die Heilige Schrift auf meinem iPad, und im Unterschied zu den Sätzen des Romans schwellen die Verse in mir an, dröhnen wie Luftschutzsirenen:

»Du Menschenkind, richte dein Angesicht gegen die Berge Israels und weissage gegen sie und sprich: Ihr Berge Israels, höret das Wort Gottes des HERRN! So spricht Gott der HERR zu den Bergen und Hügeln, zu den Gründen und Tälern: Siehe, ich will das Schwert über euch bringen und eure Opferhöhen zerstören, dass eure Altäre verwüstet und eure Rauchopfersäulen zerbrochen werden, und will eure Erschlagenen vor eure Götzen werfen; ja, ich will die Leichname der Israeliten vor ihre Götzen hinwerfen und will eure Gebeine um eure Altäre her verstreuen. Überall, wo ihr wohnt, sollen die Städte verwüstet und die Opferhöhen zur Einöde werden; denn man wird eure Altäre wüst und zur Einöde machen und eure Götzen zerbrechen und zunichtemachen und eure Rauchopfersäulen zerschlagen und eure

> Machwerke vertilgen. Und Erschlagene sollen mitten unter euch daliegen, und ihr sollt erfahren, dass ich der HERR bin.«

Der Flughafen, an dem wir ankommen, ist verwaist, als wären wir nach der Zerstörung gelandet, die der Prophet vorhergesagt hat, den Gott dann zwingt, die Schriftrolle mit seinen eigenen Prophezeiungen zu verspeisen. Menschenleer sind auch die Straßen. Aber bei uns zu Hause, morgens um vier, herrscht zärtliches, unsagbar teures Leben: Martha und Sarah sind wach und warten auf mich. Wenigstens geht es ihnen gut – und wir sind wieder vereint. Martha flüstert mir zu: »Gut, dass du wieder da bist. Sarah hat seit dem Schabbat kein Auge zugemacht. Vielleicht kann sie jetzt einschlafen.«

Benjamin dagegen schläft tief und fest, den Schlaf eines Heranwachsenden, und wacht nicht auf, als ich die Tür seines Zimmers öffne. Auf seinem Fernseher läuft ein Sportkanal.

*

Auch die Häuser, die noch stehen, werden zerstört werden. Am nächsten Morgen, Dienstag, drei Tage nach dem Massaker und dem Beginn des Kriegs in Gaza, sind die Straßen in Tel Aviv wie ausgestorben, und das nicht nur, weil die meisten Männer eingezogen sind. Die Schulen sind geschlossen und Kinder und Mütter zu Hause. Auch die meisten Geschäfte und Cafés sind zu. Nur die öffentlichen Luftschutzbunker, von denen es in unserem Viertel viele und geräumige gibt, sind geöffnet, obwohl die meisten Wohnungen eigene Schutzräume haben.

Ich schlage Sarah vor, mit mir eine Runde auf dem Motorrad zu drehen, doch sie lehnt vehement ab (»Bist du verrückt geworden? Auf dem Motorrad?!«), und so fahre ich alleine los, ohne Ziel. Aus einem Streifenwagen, der neben mir an der Ampel hält, wirft man mir argwöhnische Blicke zu – und da erst verstehe ich, warum Sarah, die sonst immer gerne mit mir auf zwei Rädern unterwegs ist, sich geweigert hat. Motorräder sind zu einem »Trigger« geworden, das Röhren ihres Motors versetzt Menschen in Panik. Auch das unter dem Helm verborgene Gesicht weckt Misstrauen. Jeder könnte ein Terrorist sein.

Ich muss an meinen ersten Krieg denken: 1990, der Golfkrieg. Ich bin fünfzehn, so alt wie Benjamin jetzt. Anfang August hat Saddam Hussein Kuwait erobert und als Antwort darauf eine Koalition unter Führung der USA den Irak angegriffen. Als Saddam droht, mit Chemiesprengköpfen bestückte

Scud-Raketen auf Tel Aviv abzuschießen, setzt die Flucht aus der Stadt ein. Auch meine Mutter, mein Bruder und meine Schwester fahren nach Jerusalem.

Ich bleibe mit meinem Vater zurück, da ich zusammen mit allen anderen Schülern meiner Klasse rekrutiert worden bin, um in den Krankenhäusern zu helfen. Sollten chemische Raketen niedergehen, wird es unsere Aufgabe sein, die Verletzten mit Wasserschläuchen abzuspritzen, ehe sie zur weiteren Behandlung in die Notaufnahme kommen. In der Nacht vom 17. auf den 18. Januar schlagen die ersten Scuds in Tel Aviv ein – ohne Chemiesprengköpfe zum Glück, sodass wir von unserer Dekontaminierungsaufgabe befreit sind –, und am nächsten Tag fahren mein Vater und ich frühmorgens los, um die Stadt nach Raketentrümmerteilen abzusuchen und seinen Eltern einen Besuch abzustatten. Seither habe ich Tel Aviv nicht mehr so verlassen gesehen wie an diesem Morgen, nicht einmal während der Lockdowns zu Corona-Zeiten. *(Schreib die ganze Wahrheit, schreib, dass du dich an jene Tage als durchaus glückliche erinnerst.)*

Ich versuche zu verstehen, warum ich jetzt Angst habe wie noch nie zuvor. Warum ich das Gefühl habe, durch die Straßen einer zerstörten Stadt zu fahren. Schließlich hat jeder, der lange genug hier lebt, schon Katastrophentage erlebt. Als ich an der

Hebräischen Universität in Jerusalem studierte, sprengten sich fast jeden Tag Selbstmordattentäter in Linienbussen in die Luft, und jede Fahrt zum Campus war wie Russisches Roulette. Und Raketen aus Gaza oder aus dem Südlibanon wurden immer wieder mal auf Tel Aviv abgefeuert, auch nach der Geburt unserer Kinder, unzählige Male schon sind wir mit ihnen in irgendwelche Luftschutzräume gerannt oder haben Schutz in Treppenhäusern gesucht. Rührt meine Angst von der Gefahr eines großen Kriegs, der jeden Augenblick auszubrechen und unser Leben von Grund auf zu verändern droht? Oder habe ich vielleicht, weil ich am Schabbat nicht hier war und das furchtbare Trauma der Ereignisse des 7. Oktobers nicht am eigenen Leib erfahren habe, noch nicht begriffen, dass unser Leben bereits ein anderes ist und nie wieder sein wird, was es war?

Am Morgen, bevor ich losgefahren bin, hatte ich Martha gebeten, meinen Artikel gegen einen Kriegseintritt zu lesen, den ich auf dem Flug angefangen hatte. Ihr Urteil kam umgehend: »Veröffentliche den jetzt nicht!« Gehört ein solcher Artikel, der gegen eine Fortsetzung von Gewalt und Tod plädiert, in eine andere Zeit? Kann es sein, dass ich das Ausmaß der Katastrophe nicht begriff, als ich ihn schrieb? In den Kibbuzim, die am Schabbat angegriffen wurden, sind viele der Häuser niedergebrannt. Auch in Gaza sind bereits ganze Viertel durch das Bombardement unserer Luftwaffe zerstört worden, seit die israelische Regierung einen Abwehrkrieg ausgerufen hat, um die Hamas zu vernichten. Hier bei uns dagegen stehen die Häuser unversehrt – und dennoch, als ich an diesem Morgen durch die Straßen fahre, scheint mir, als seien die Gebäude *noch nicht* zerstört, als stünden sie *fürs Erste* noch, auf Zeit, in einem Bewusstsein des nahenden Untergangs und dem Wissen, dass er kommen wird. Wie lässt sich eine Katastrophe verhindern, die sich bereits ereignet hat?

(Schreib die ganze Wahrheit: Dass du Martha nicht verraten hast, dass du den Artikel schon abgeschickt hattest, bevor du ihn ihr zu lesen gabst – und dass du jetzt auch deswegen Angst hast, weil du weißt, er wird erscheinen, in der Haaretz. *Du hast geschrieben, um zu handeln, um etwas zu unternehmen, um dich aktiv zu fühlen angesichts einer Realität, die dich machtlos zurückgelassen hat. Das war immer dein Weg: Der Angst, der Trauer keinen Raum geben. Sofort zur Tat überzugehen. Die Welt draußen ist eine andere jetzt – aber bei dir hat sich nichts geändert.)*

*

Wir werden nicht mehr genesen. An meinem dritten Tag zu Hause, dem fünften des Krieges, fahre ich zu R., die weiß, dass ich früher zurückgekommen bin, und mir einen Termin angeboten hat. Ich frage sie, ob das in Ordnung ist, wenn ich mich nicht auf die Couch lege – und teile ihr im selben Atemzug mit, dass ich unsere Treffen beenden möchte.

Ohnehin hatte ich schon länger Bedenken, was die Analyse betraf. Hatte in den letzten Monaten das Gefühl, dadurch in einen Zustand der Niedergeschlagenheit und Lähmung geraten zu sein, dass die langen morgendlichen Gespräche über meine Vergangenheit, mein Leben mich schwächten, dass ich darin versank wie in einem morastigen Sumpf. Und welchen Sinn soll eine Analyse jetzt noch haben? Wie soll ich weiter über mich reden, wenn es schon kein »ich« mehr gibt, sondern nur noch ein »wir«, wenn Familie und Gemeinschaft in Gefahr sind, im Krieg?

R. nimmt meine Worte schweigend auf. Anders als ich neigt sie nicht dazu, vorschnell zu agieren. Sie bittet mich, es mir noch einmal zu überlegen. Dabei verstehe ich nicht einmal, wie sie mir heute einen Termin anbieten konnte, da die meisten Psychologen doch aufgeboten wurden, um die Überlebenden des Massakers zu behandeln, den Familien der Ermordeten und Entführten beizustehen und sich um die Zehntausenden von Menschen zu kümmern, die in den Ortschaften und Landwirtschaftssiedlungen nahe der Grenze im Süden und Norden aus ihren Häusern evakuiert wurden und jetzt in Hotels untergebracht sind. (Ich frage sie nicht danach, sage nur, dass »es sicher Menschen gibt, die derzeit mehr auf eine Therapie angewiesen sind als ich«.)

Sie schaut mich schweigend an. Dann fragt sie, ob ich mir sicher bin, und ich bejahe. Als wir mit der Analyse begannen, vor anderthalb Jahren, hatte ich mir und ihr gesagt, ich wolle mir »ein zweites Stockwerk« bauen. Ich bin jetzt Ende vierzig, habe meinen Traum verwirklicht und fünf Romane geschrieben, ich unterrichte und lebe mit und von der Literatur, ich habe eine Familie, und meine Kinder sind bereits aus dem Gröbsten raus, also sei jetzt der Zeitpunkt, über die Zukunft nachzudenken und Pläne zu machen. Wie soll das nächste Jahrzehnt meines Lebens aussehen, welche Romane möchte ich mir vorstellen zu schreiben? Doch wie sollen wir jetzt über all das sprechen, da mir die Zukunft aus den Händen genommen wurde und in denen von Netanjahu und Sinwar, Nasrallah und Biden liegt? Welche Rolle spielt es noch, was hier zwischen uns in ihrer Praxis geschieht, wenn sie diejenigen sind, die darüber bestimmen, wie mein Leben aussehen wird?

Ich weiß auch, dass ich den Roman, den ich vor einem Jahr zu schreiben begonnen habe und über den wir hier in diesem Raum viele Stunden gesprochen haben, erst einmal nicht zu Ende bringen werde. Es ist ein Kriminalroman über ein toxisches Mutter-Sohn-Verhältnis, er beschreibt die Familie, das Zuhause, als eine offene Wunde, als blutigen Schauplatz eines Verbrechens. Wie lässt sich das jetzt noch erzählen angesichts der herzzerreißenden Geschichten von Müttern und Vätern, die ihr eigenes Leben geopfert haben, um ihre Kinder vor dem Tod zu retten? Wer kann jetzt noch eine Geschichte schreiben – und wer will sie lesen – über einen Sohn, der des Mordversuchs an seiner Mutter beschuldigt wird und behauptet, unschuldig zu sein, eine Geschichte aus dem Israel vor dem Krieg?

Die Praxis von R. ist schmucklos und bescheiden. Ihr Sessel ist verblichen, an einigen Stellen lässt Feuchtigkeit den Putz von den Wänden bröckeln. Die Couch, auf der ich zuletzt vor ein paar Wochen gelegen habe, ist mit einem einfachen blauen Laken abgedeckt. Ich vermisse diesen Raum schon, noch ehe ich ihn verlassen habe, betrachte ihn wie etwas, das der Vergangenheit angehört und nicht länger existiert, wie die Straßen Tel Avivs während meiner ersten Fahrt mit dem Motorrad.

»Und was wirst du machen?«, fragt R., und ich erkläre ihr, seit Beginn des Kriegs, ja eigentlich seit ich für mich beschlossen habe, die Analyse zu beenden, würde ich mich nicht mehr gelähmt fühlen. Ich habe viele Pläne. Überall im Land sind seit dem 7. Oktober private Initiativen entstanden, die die Lähmung und das Versagen staatlicher Einrichtungen auffangen und den Opfern helfen wollen. Der Geist des gemeinnützigen Engagements ist ansteckend, alle machen mit, und auch ich habe vor, mich für so viele Initiativen wie möglich zu melden, bin schon in unzähligen WhatsApp-Gruppen: Es gilt, Pakete mit Nahrungsmitteln und Dingen des persönlichen Bedarfs für die aus ihren Häusern Evakuierten zu packen; bei der Gemüseernte auf den Feldern im westlichen Negev mitzuhelfen, anstelle der thailändischen Arbeiter, von denen zahlreiche ermordet oder nach Gaza entführt worden sind und viele andere in Panik das Land verlassen haben; oder in systemrelevanten Fabriken im Süden mitzuarbeiten, deren palästinensische Arbeiter nicht mehr an ihren Arbeitsplatz kommen dürfen; oder einer gemeinsamen, jüdisch-arabischen Garde beizutreten, welche die fragile Koexistenz in den Städten und Ortschaften mit gemischter Bevölkerung schützen will, in diesen Tagen, da die Angst und die Anfeindungen gegen die arabischen Staatsbürger Israels stündlich zunehmen.

Auch an der Universität gibt es so etwas wie eine allgemeine Mobilmachung: Wir haben zu allen Studenten Kontakt aufgenommen, um zu erfragen, ob sie oder ihre Angehörigen betroffen sind, wer zum Reservedienst eingezogen worden ist, ob sie in irgendeiner Form Hilfe benötigen. Der Semesterbeginn ist zwar verschoben worden und wird so bald auch nicht erfolgen, da viele der Studenten an der Front sind, aber wir sollen Zoom-Meetings mit allen anberaumen, die keinen Stellungsbefehl erhalten haben, um sie in dieser schwierigen Zeit zu unterstützen. Auch ich habe an diesem Abend ein Gespräch mit Studenten und Studentinnen des Studiengangs Literarisches Schreiben, den ich leite, und zwar über »Schreiben in Kriegszeiten«.

»Kann man denn jetzt überhaupt schreiben?«, fragt R. vorsichtig, und ich sage, natürlich nicht, und dass es sicher vor allem ein therapeutisches Meeting werden wird, bei dem die Studierenden ihre Ängste artikulieren, reden können. Das Einzige, was man jetzt schreiben kann, das Einzige, was zurzeit in Israel geschrieben wird, sind Nachrufe. Dutzende von Schriftstellern und Autorinnen haben angeboten, Nachrufe auf die Hunderten von

Toten zu verfassen – ihre Zahl geht inzwischen schon gegen 1400 –, und auch ich habe mich gemeldet, warte bang auf Anfragen.

Eine Geschichte, sage ich zu R., beschäftigt mich jedoch, und ich denke, sollte ich je wieder etwas schreiben können, dann darüber: die Geschichte der Polizeistation in Sderot, die an das Revier erinnert, in dem die Geschichten meines Inspektors Avi Avraham spielen. Eine kleinstädtische, provinzielle Wache, schlicht und in keiner Weise schillernd. Nicht wie die Kommissariate, die sonst in Büchern vorkommen. Am Morgen des Schabbats befanden sich dort sechs oder sieben Polizisten. Ein Wachbuchführer, die diensthabende Kriminalbeamtin, ein Quartiermeister und einige Streifenpolizisten. Sie wurden von Dutzenden von Hamas-Kämpfern angegriffen, bewaffnet mit Granatwerfen und automatischen Waffen. Der Kampf zwischen den Terroristen und den Polizisten, die lediglich über Pistolen und je zwei Magazine Munition verfügten, währte mehr als vierundzwanzig Stunden und endete mit der Einnahme des Reviers. Am nächsten Morgen, nachdem alle Versuche, die Terroristen auszuschalten und die Wache zurückzuerobern, gescheitert waren, fuhr ein Armeepanzer auf, um das Gebäude unter Beschuss zu nehmen und zu zerstören, mit allen, die sich darin befanden.

»Ich möchte verstehen, wer die Menschen waren, die in dieser Wache gekämpft haben«, erkläre ich R. »Möchte, wenn es welche gibt, mit den Überlebenden reden. Ein wahrhaftiges Buch schreiben über das, was sich dort ereignet hat – keine Fiktion, keinen Roman.« (Ich denke an Joseph Roths Diktum nach dem Ersten Weltkrieg: »Es handelt sich nicht mehr darum zu dichten; das Wichtigste ist das Beobachtete.«)

Am Abend, beim Zoom-Meeting mit den Studierenden, redet niemand. Auch die diskutierfreudigen unter ihnen, die sonst gerne ihre Meinung kundtun und debattieren, schweigen. Sie erwarten von dir, dass du etwas sagst.

Du weißt nicht, was du sagen sollst. Also warum liest du ihnen nicht etwas von Natalia Ginzburg vor? Aus einem Buch, das du eben aus deinem Regal gezogen hast, ohne genau zu wissen, warum ausgerechnet dieses, einem Gespür folgend, das dich immer zu den literarischen Werken führt, die du genau in diesem Augenblick brauchst?

> »Es ist Krieg gewesen und die Leute haben viele Häuser einstürzen sehen und fühlen sich jetzt nicht mehr so ruhig und sicher in ihren Wohnungen wie früher. Da ist etwas, wovon man sich nicht erholt, und die Jahre

> werden vergehen, aber wir werden niemals genesen. Selbst wenn wir wieder eine Lampe auf dem Tisch haben und ein Blumenväschen und die Bilder unserer Lieben, glauben wir doch an keines dieser Dinge mehr, weil wir sie einmal plötzlich verlassen mussten oder vergeblich unter den Trümmern danach gesucht haben. (…) Wer die Häuser hat einstürzen sehen, weiß zu genau, welch unbeständige Güter die Blumenvasen, die Bilder, die weißen Wände sind. Er weiß zu gut, woraus ein Haus gemacht ist. (…) Wir werden nicht mehr von diesem Krieg genesen. Es ist zwecklos. Wir werden nie mehr unbeschwerte Menschen sein, Menschen, die denken und studieren und in Frieden ihr Leben ordnen. Ihr seht, was man aus unseren Häusern gemacht hat. Ihr seht, was man aus uns gemacht hat. Wir werden nie mehr ruhige, gelassene Menschen sein.«

Die Studentinnen und Studenten schweigen still, sind vielleicht verlegen, weil ich beim Vorlesen weine, zum ersten Mal seit dem Schabbat.

TEIL II

Verwirrung und Furcht

(15. 10.–28. 10. 2023)

Haben wir die Katastrophe hinter uns oder vor uns? Nach jedem Telefonat mit Ariel bekomme ich kein Auge mehr zu. Unsere Gespräche ersetzen diejenigen, die ich mit meinem Vater führen würde, lebte er noch. Ich will mit meinem Bruder reden, denn die Tage sind verwirrend. Einerseits liegt die Katastrophe, die sich ja bereits am 7. Oktober ereignet hat, hinter uns, und jetzt trauern wir, begraben die Toten, deren Zahl wir noch immer nicht wahrhaben wollen, und versuchen, die grausamen Todesbilder zu löschen, die wir gesehen haben. Andererseits liegt sie allem Anschein nach noch vor uns – große Truppenkontingente unserer Armee bringen sich im Süden, an der Grenze zu Gaza, und im Norden, an der Grenze zum Libanon, in Stellung, bereiten sich auf eine Gegenoffensive vor. Und sollte es zu einem Krieg mit der Hisbollah und dem Iran kommen, würden wir uns alle in konkreter Lebensgefahr befinden.

Ich trete auf den Balkon, mit einer Zigarette und

einem Glas Whiskey, den ich von einem Freund in der Schweiz bekommen und für besondere Anlässe aufgehoben habe. Doch ihn noch länger unangerührt zu lassen hat nun keinen Sinn mehr. Ariel ist ganz ruhig. Oder tut er vielleicht nur so? Das war schon immer seine Art. Nichts bringt ihn aus der Fassung. Als er im Jahr 2000, mit Anfang zwanzig, im Libanon diente, war er einer der letzten Soldaten, die aus der von Israel geräumten Sicherheitszone abrückten. Ich bewohnte damals eine kleine Wohnung in Paris, versuchte, an einem Roman zu schreiben, und wusste rein gar nichts über die Nächte, in denen er und seine Kameraden in den Bergen des Libanon in Hinterhalten lagen. »Denkst du, wir werden die Hisbollah und den Iran angreifen?«, frage ich leise, damit man mich drinnen nicht hören kann, und er sagt: »Klar.«

»Was, klar? Es heißt, die Hisbollah hätte 150 000 zielgenaue Raketen, mit denen sie Tel Aviv und Haifa in Schutt und Asche legen können. Und das sogar ohne dass der Iran in den Krieg eintritt. Warum sollten wir also angreifen?«

»Weil wir keine andere Wahl haben. Irgendwann werden wir angreifen müssen – und jetzt ist ein guter Zeitpunkt. Die Amerikaner verlegen Kriegsschiffe und Flugzeugträger her, und die ganze Welt unterstützt uns. Wenn wir es jetzt nicht tun, werden sie uns weiter bedrohen und eines Tages auch mit einem Angriff überrumpeln, wie es die Hamas getan hat. Alle haben dasselbe Ziel: uns zu vernichten oder von hier zu vertreiben.«

»Und macht dir das keine Angst? Was hier passieren könnte?«

»Was soll schon passieren? Es wird Krieg geben, und wir werden siegen. Eine Atombombe – und die sind hinüber.«

»Eine Atombombe?!« Ich hebe die Stimme und bereue es umgehend, denn Martha wendet aus dem Wohnzimmer den Kopf nach mir. »Hörst du überhaupt, was du da sagst? Verstehst du, was das bedeuten würde?«

»Keine richtig große Atombombe«, schränkt er ein, und ich meine, ein kleines Lächeln aus seiner Stimme herauszuhören. »Etwas Kleines. Eine taktische Atombombe. Das wird genügen.«

Ich weiß nicht, was eine taktische Atombombe sein soll. Und als ich ihm erkläre, das wäre eine Katastrophe von gewaltigen Ausmaßen, versucht er mich zu beruhigen. »Richtig, wir würden ein Prozent der Bevölkerung verlieren, wie 1948, aber dann könnten wir in Ruhe hier weiterleben.«

»Ein Prozent?! Das sind 90 000 Tote, oder?«

»Ja. Vielleicht auch etwas weniger. Wenn du mich fragst, kann es durchaus sein, dass wir den

Iran noch heute Nacht bombardieren. Es gibt keinen Grund zu warten.«

Nach dem Gespräch mit meinem Bruder bin ich bis morgens um drei wach, höre die Kampfjets am Himmel über Tel Aviv vorbeidonnern. In die Stille der Nacht tritt plötzlich eine Erinnerung aus einer anderen Zeit: die Hochzeitsreise meiner Großeltern, Rafael und Sarah Mishani, in den Libanon und nach Syrien, vor fast achtzig Jahren. Beide waren dort geboren (mein Großvater in Aleppo und meine Großmutter in Beirut) und noch als Kinder nach Jerusalem gekommen, offenbar vor allem aus wirtschaftlichen Gründen. Beide stammten aus einfachen Verhältnissen, ihre Familien waren Herrenschneider und Tuchhändler und machten meistenteils Geschäfte mit den Arabern, unter denen sie lebten. 1945 unternahmen beide mit dem Zug und Taxis eine lange Reise nach Beirut, Damaskus und Aleppo, um dortgebliebene Verwandte zu besuchen und ihre Hochzeit zu feiern. Mein Großvater bewahrte süße Erinnerungen an diese Reise. Stundenlang konnte er von den Märkten in Beirut und in Aleppo reden, von den Speisen und Gerüchen. (Ich erinnere mich an eine Geschichte über eine Aubergine, die so groß war, dass sie nicht auf einen Handkarren gehievt werden konnte.) Sein Traum war, dass wir eines Tages gemeinsam dorthin fahren würden, er und ich. Als ich ihn einmal, als Kind, verwundert fragte, wie es sein könne, dass viele seiner Kindheitsfreunde und die Geschäftspartner seiner Eltern Araber waren, fragte er mich entgeistert zurück: »Und was denkst du, waren wir?«

*

Vorbereitungen. Am nächsten Tag sind wir noch am Leben, und ich schlage Martha eine Spritztour mit dem Motorrad vor, um ein bisschen Bewegung in diese Tage zu bringen, die zumeist aus banger, lähmender Beklommenheit und dem Warten auf den nächsten Luftangriff bestehen. Wir fahren meine Schwester in Givatayim besuchen. Auch sie hat mit Ariel gesprochen. (»Ich habe danach kein Auge zugemacht. Kannst du etwa schlafen, nachdem du mit ihm gesprochen hast?«) Von daher entwickelt sich das Gespräch in die gleiche Richtung.

Die beiden Töchter von Yael malen im Wohnzimmer mit Pastellfarben, und wir ziehen uns auf den Balkon zurück. Reden über die Heldengeschichten, die allmählich bekannt werden. Etwa die von Noam Tibon, einem Reservegeneral von Mitte sechzig, der am Morgen des 7. Oktober einen Anruf von seinem Sohn erhält: Seine Familie und er säßen in einem

Schutzraum des Kibbuz Nachal-Oz fest, umstellt von bewaffneten Kämpfern. Tibon setzt sich ans Steuer, macht halt an einem Armeestützpunkt, wo er eine Waffe ausgehändigt bekommt und zwei Veteranen aufliest, wie er in ihren Sechzigern, und befreit dann seinen Sohn und seine Enkel, unter massivem Beschuss. Yael sagt: »Wenn Vater noch am Leben wäre und wir uns in einer solche Lage befunden hätten, wäre er doch auch gekommen, um uns zu retten, oder nicht?«

Amitai, Yaels Mann, erzählt von den Vorteilen ihrer amerikanischen Staatsbürgerschaft. (Seine Großeltern, die vor Kurzem erst gestorben sind, haben auf einer Farm im Norden des Bundesstaates New York gelebt.) Noch am 7. Oktober hat er die Familie auf der Internetseite der amerikanischen Botschaft registrieren lassen und bekommt seitdem regelmäßig Anrufe von einem Botschaftsmitarbeiter, der fragt, ob sie Hilfe bei der Ausreise benötigten. Von Haifa und Aschdod aus evakuieren Schiffe amerikanische Staatsbürger nach Zypern. Fürs Erste haben sie beschlossen, das Land nicht zu verlassen, aber sollten sich Ariels Prognosen, die auch in den Nachrichten Thema sind, bewahrheiten, werden sie es sich möglicherweise anders überlegen.

Martha schaut mich an, liest den Vorwurf in meinen Augen. Auch die polnische Regierung hat eine Militärmaschine geschickt, um ihre Bürger von hier auszufliegen, und einige ihrer Freundinnen haben die Option wahrgenommen, aber unsere Kinder, deren Judentum der israelische Staat nicht einmal anerkennt, weil ihre Mutter Christin ist, haben noch immer keine polnische Staatsangehörigkeit, weil wir zu faul waren, uns in der langen Schlange anzustellen, die immer vor dem Konsulat wartet. Anders als wir haben sich Hunderttausende von Israelis in den letzten Jahren ausländische Pässe beschafft – polnische, portugiesische, deutsche –, als hätten sie gewusst, dass dieser Krieg kommen wird. *(Irgendwo, vielleicht ja hier, an dieser Stelle, solltest du das Gespräch in dein Tagebuch aufnehmen, das du vor ein paar Monaten mit Sarah geführt hast. Zum ersten Mal in ihrem Leben hat sie dich gefragt: »Bin ich überhaupt Jüdin?« Anfangs hast du herumgedruckst, hast gesagt, in deinen Augen sei sie sowohl als auch, doch als sie nicht lockerließ, warst du gezwungen zu sagen: »Nein, für den Staat Israel bist du nicht jüdisch.« »Und für wen bin ich doch Jüdin?«, hat sie gefragt. »Für Hitler«, war deine Antwort.)*

Als es Abend wird und die Stunde der Luftalarme naht, brechen wir auf. Doch vorher nimmt mich Yael noch mit in ihren Schutzraum, der sonst das Schlafzimmer meiner Nichten ist, um mir zu zeigen, wie sie sich für einen Krieg gerüstet haben. Im Kleiderschrank der Mädchen haben sie ein Zwölferpack Mineralwasserflaschen gebunkert und tütenweise Verpflegung, Schokoriegel und Cabanossis. Außerdem sind da ein Ordner mit ihren israelischen und amerikanischen Pässen, eine Brieftasche mit Bargeld, »das Gold« (»Woher um alles in der Welt haben sie Gold?«, werde ich Martha nachher fragen), ein Klappmesser mit gezahnter, höllisch scharfer Klinge, das sie von Amitais Großvater geerbt haben (»ein echtes Jagdmesser, damit kannst du Bären töten«), und ein alter, batteriebetriebener Walkman aus den Achtzigerjahren, um die Nachrichten verfolgen zu können, sollten Stromnetz und Internet zusammenbrechen.

(Noch am selben Abend)
Der Luftalarm erwischt uns im Süden von Tel Aviv, am Zentralen Omnibusbahnhof. Dort leben vor allem Migranten aus dem Sudan und aus Eritrea, und im Unterschied zu unserem Stadtviertel sind die Straßen hier belebt. Kinder spielen Fußball auf einem rissigen Asphaltparkplatz, Frauen in farbenprächtigen Kleidern besorgen Einkäufe, junge Männer sitzen auf der Bordsteinkante und rauchen. Als die Sirenen jaulen, scheint es niemand eilig zu haben. Die Häuser hier, alt und baufällig,

sind auch ohne Kriegseinwirkungen vom Einsturz bedroht. Offenbar haben sie keine Luftschutzräume, ganz sicher keine in den einzelnen Wohnungen. (Ich muss an einen Satz denken, den ich mal gelesen habe, wo, weiß ich nicht mehr: Das Wichtigste, um einen Krieg zu überleben, ist Geld.) Die Kinder jagen weiter dem Ball hinterher, als ich das Motorrad auf dem Parkplatz abstelle und wir uns, die Helme noch auf dem Kopf, zu einem Grüppchen junger Leute gesellen, die neben einem Kiosk »in Deckung gehen« und den Himmel über uns absuchen nach einem Abfangtreffer des Iron Dome, was immer aussieht wie eine Kollision zweier ferner Sterne.

(Und noch ein Eindruck aus dem Süden der Stadt: Die Obdachlosen und hungernden Bettler, die verzweifelter wirken denn je, oftmals an der Grenze zur Gewalttätigkeit. Die Stadt ist leer, niemand gibt ihnen mehr Almosen oder spendiert ihnen eine warme Mahlzeit, Drogen lassen sich kaum noch beschaffen, weil die Handelsrouten über die Sinaihalbinsel dicht sind, und auch die Sozialdienste sind angesichts der Lage vollkommen überlastet – weshalb diese Menschen jetzt allergeringste Priorität genießen. Ein offensichtlich betrunkener Bettler, vielleicht auch auf Entzug, schlägt auf die Windschutzscheibe eines Wagens, in dem angst-

erfüllt eine Frau sitzt, die ihm etwas auf Russisch zuschreit, von dem ich nur ein Wort verstehe: »Hisbollah«.)

Elterndasein im Krieg (1). Wir beeilen uns, zum Supermarkt zu kommen. Kaufen Mineralwasserflaschen – die kleinen, die großen sind schon ausverkauft. Auch die Brotregale sind leergefegt. Toilettenpapier dagegen gibt es, anders als zu Corona-Zeiten, im Überfluss. Im Einkaufswagen landen vor allem Grundnahrungsmittel – Reis, Speiseöl, Nudeln, Tahina – und auch Dinge, die nicht zubereitet werden müssen – Thunfischdosen, Bohnenkonserven, Kartoffelchips, Kekse, Schokoladentafeln. (Nicht nur der Versuch, den täglichen Zigarettenkonsum zu begrenzen, ist zum Scheitern verurteilt. Auch der, auf mein Gewicht zu achten.)

Die Mineralwasserpacks stelle ich neben dem Küchenschrank ab, weil unser Schutzraum zugleich mein Arbeitszimmer ist und ich es nicht verschandeln und in eine Abstellkammer verwandeln möchte. Nur Stunden später stelle ich fest, dass eines der Packs aufgerissen ist. Benjamin hat zwei Flaschen mit in sein Zimmer genommen und ausgetrunken, obwohl es, Stand jetzt, noch ausreichend Leitungswasser gibt. Zu allem Überfluss hat er unser gerade erst erworbenes Öl komplett aufgebraucht, um sich Hähnchenbrustfilets zu frittieren. Das bringt mich auf die Palme. Ich klopfe an seine wie immer geschlossene Zimmertür. Er antwortet nicht, weil er Kopfhörer aufhat und nichts hört. Als ich die Tür öffne und ihn mit Vorhaltungen überrumple – »Wir haben die Flaschen gekauft für den Fall, dass es kein Wasser mehr gibt, und nicht, damit du sie jetzt austrinkst. Warum denkst du immer nur an dich?« –, schaut er mich entgeistert an, fassungslos über das Ausmaß meiner Wut. »Es ist doch nur Wasser«, sagt er. »Warum bist du so sauer?«

Die Wahrheit ist, ich fahre ihn an, weil mich sein Verhalten seit Beginn des Krieges empört. Im Gegensatz zu uns dreien zeigt er keinerlei Interesse an Nachrichten, hat kein Bedürfnis, darüber zu sprechen, was passiert ist und was noch geschehen wird, nutzt den Unterrichtsausfall, um stundenlang auf seiner Xbox zu spielen, Spiele der englischen Premier League zu schauen und auszuschlafen. Wenn ich versuche, ihn in ein Gespräch über die Lage zu ziehen oder mit ihm über seine Gefühle zu sprechen, wechselt er das Thema. Möchte mit mir über die Saison von Manchester United reden oder über ein neues Rezept für Hamburgerbrötchen, das er im Internet gefunden hat. Das Schicksal von Uniteds Cheftrainer Erik ten Hag belastet ihn sehr viel mehr als das der in den Gazastreifen entführten Kinder.

Aber was erwartest du denn von ihm? Dass er Nachrichten mit dir schaut? Dass er genauso besorgt ist wie du? Dabei regt dich Sarah, die das genaue Gegenteil von ihm ist, nicht minder auf. Sie ist nicht bereit, das Haus auch nur für ein paar Minuten zu verlassen, um mit unserer Hündin vor die Tür zu gehen, obwohl es im Garten neben unserem Haus einen Luftschutzbunker gibt. Auch sie verbringt die Tage hinter ihrer geschlossenen Zimmertür, schaut sich Gräuelvideos an und saugt jedes noch so kleine Detail des Kriegs in sich auf. Seit Neuestem führt dieses Mädchen, das bis vor ein paar Wochen noch keine eigene nationale Identität hatte, auf TikTok und Instagram politische Debatten mit jedem, der sich für ein Ende der Luftangriffe auf Gaza ausspricht oder es wagt, mit den palästinensischen Kriegsopfern mitzufühlen.

Nachdem sie meinen Artikel in der *Haaretz* gelesen hat (Ist das das Erste überhaupt, was sie von mir gelesen hat?), bin auch ich zum Ziel ihrer Angriffe geworden. Sie sieht einen Defätisten in mir, hält mich vielleicht für charakterschwach. Ich höre ihr geduldig zu, denn das ist, was wir als Eltern zu tun haben. Höre mir an, wie sie die Kriegsparolen der Militärexperten im Fernsehen wiedergibt

(»Der Feind muss ein für alle Mal vernichtend geschlagen werden«, »Man muss ihnen einen solchen Schlag versetzen, dass sie nicht wagen, uns noch einmal anzugreifen«), und versuche, behutsam darauf zu antworten, ohne ihre ersten jugendlichen Ansätze im Keim zu ersticken, ein eigenes politisches Bewusstsein zu entwickeln (»Ich stimme dir zu, die Hamas-Terroristen müssen bekämpft werden, aber denkst du, wenn wir weiter Häuser zerstören und die Tötung von Frauen und Kindern in Kauf nehmen, vergrößert das unsere Chance, hier jemals in Frieden zu leben?«). Aber sie ist unnachgiebig. Erklärt mir, alle Palästinenser wollten uns umbringen, auch die Kinder, dazu würden sie in der Schule erzogen, und dass auch die Kinder, die jetzt dort leiden, versuchen werden, Israelis zu ermorden, wenn sie groß sind. Als ich kurz davor bin, die Beherrschung zu verlieren und ihr zu widersprechen, als wäre sie nicht meine Tochter, sagt sie: »Und damit du Bescheid weißt, lieber lasse ich mich umbringen, als dass sie mich vergewaltigen, wie sie es mit den Mädchen bei dem Open-Air-Musikfestival gemacht haben« – und ich verstumme. Später sage ich Martha, wir sollten weniger fernsehen.

Eine Nachrichtensendung, viele Kriege. Am Abend, als die Kinder in ihren Zimmern sind, siehst du trotz allem viel zu viel fern. Verfällst der Mischung aus zutiefst berührenden, verstörenden Geschichten über jene, die am 7. Oktober ermordet oder entführt wurden und sich jetzt in Gaza befinden, und düsteren Prophezeiungen über den Krieg, der kommen wird.

Ein Sender berichtet ausführlich über den amerikanischen Flugzeugträger »Gerald Ford«, den modernsten der gesamten amerikanischen Flotte, der sich auf dem Weg in den Nahen Osten befindet. Der Gigant wiegt 100 000 Tonnen, hat eine Gesamtlänge von 337 Metern und eine Breite von 78 Metern und trägt mehr als fünfundsiebzig Kampfjets vom Typ F-15, F-16 und F-35. »Dank zweier Atomreaktoren erreicht er eine Geschwindigkeit von 56 Stundenkilometern und hält für die Tausenden von Soldaten, die auf ihm Dienst tun, ein vollausgestattetes Krankenhaus mitsamt Apotheke und Laboren bereit, insgesamt vier Fitnessräume für verschiedene Muskelgruppen, eine Cafeteria, die vier Mahlzeiten am Tag anbietet, einschließlich Barbecue und Salatbar, und nicht zuletzt riesige Flachbildschirme, auf denen auch auf hoher See die besten Hollywoodfilme zu genießen sind.« Doch ich weiß nicht, soll mich die »Gerald Ford« nun beruhigen oder mir Angst einjagen, weil die Verlegung des Flugzeugträgers den Beginn eines umfassenden Kriegs markieren könnte, der am Ende noch zu einem Weltkrieg zu eskalieren droht.

Zusammen mit der »Gerald Ford« treffen auch Staatsführer und Regierungschefs aus der ganzen Welt ein: der deutsche Bundeskanzler Olaf Scholz, am nächsten Tag US-Präsident Biden und unmittelbar danach der britische Premier Sunak. (Unerwähnt bleibt, obwohl ich in *Le Monde* davon gelesen habe, dass auch Emmanuel Macron erwartet wird, und als leidenschaftlich Frankophiler bin ich ein wenig beleidigt, dass der Besuch des französischen Staatspräsidenten in Israel offenbar nur auf geringes Interesse stößt.) Aber warum fliegen sie hier einer nach dem nächsten ein? Ich versuche, mein Talent als Autor von Kriminalromanen zu mobilisieren, um die Indizien zu lesen, das, was der Öffentlichkeit nicht ausdrücklich gesagt und nur angedeutet wird. Kommen sie alle, um einen Angriff gegen den Iran hinauszuzögern? Schließlich wird Israel keine »taktische Atombombe« einsetzen, während der deutsche Kanzler in seinem Hotel in Tel Aviv beim Frühstück sitzt. Oder handelt es sich vielleicht im Gegenteil um ein Ablenkungsmanöver, an dem die Bundesregierung beteiligt ist? Im Iran werden sie überzeugt sein, dass Israel nicht vor dem Besuch des Kanzlers angreifen wird, und dann sagt man diesen klammheimlich ab und erzielt so ein Überraschungsmoment?

Ich ärgere mich darüber, dass ich versucht habe, Sarah meinen politischen Standpunkt aufzuzwingen. (Meinen Defätismus? Immerhin hat sie Martha – und nicht mir – erzählt, nachts träume sie davon, nach Gaza entführt zu werden.) Was weißt du schon groß über den Krieg? Hältst daran fest, dass der Grund für die Kriege hier das israelisch-palästinensische Problem sei, die schon seit so vielen Jahren andauernde Besatzung, die Hoffnungslosigkeit des palästinensischen Volkes und die fehlende Bereitschaft beider Seiten zu einem Kompromiss, der es den zwei Völkern ermöglichte, in Würde zu leben – aber womöglich sind Israelis und Palästinenser nur Figuren auf einem Schachbrett, auf dem die USA und China, Europa und Russland, die Ölstaaten am Persischen Golf und der Iran spielen. Seit dem Morgen kursiert in den sozialen Netzwerken die Theorie, der wahre Grund für den Krieg sei ein globaler Kampf um Handelsrouten. China und Russland würden dahinterstecken. Ihr gemeinsames Ziel sei es, ein Friedensabkommen zwischen Saudi-Arabien und Israel zu torpedieren, das es wiederum US-Präsident Biden ermöglichen würde, Indien und Europa mit einer Hochgeschwindigkeitsbahnstrecke zu verbinden und so der russischen Gas-Pipeline Konkurrenz zu machen. »Wer denkt, die Okkupation und die Unterdrückung des palästinensischen Volkes sei der Grund für diesen Krieg«, heißt es dort, »der ist blind für das große Ganze, für das Gesamtbild.«

Wie immer schreckt mich das »Gesamtbild«. Ich ziehe kleine Bilder vor, Miniaturen, oder die winzigen Details auf einem Bild, die kleinen Geschichten, die kleinen Leute. Auch als Schriftsteller haben sie mich schon immer sehr viel mehr interessiert. In meinem letzten Roman, auf der letzten Seite, lasse ich den Ermittler sagen, er ziehe es vor, im Erdgeschoss zu bleiben, »weil man vom Dach aus nicht die Gesichter der Menschen sieht«.

Auch Triumphbilder, wie alle sie jetzt ersehnen, haben mich nie gereizt, immer habe ich lieber Bilder einer Niederlage betrachtet. (»Der Krieg wird erst dann zu Ende sein, wenn wir ein klares Siegesbild haben«, hat es in den Nachrichten geheißen, und mir scheint, dass das »Bild« in diesem Zusammenhang wichtiger ist als der Sieg selbst.)

Doch an diesem Abend ist auch in den kleinen Details, im Blick aus dem Erdgeschoss, der Nahaufnahme der Gesichter kein Trost.

Martha hat mir erzählt, am Morgen sei in einer der WhatsApp-Gruppen der Nachbarschaft Panik ausgebrochen, weil man »verdächtige Gestalten« – eine Chiffre für jeden, der irgendwie arabisch aussieht – beobachtet habe, wie sie Gebäude in der Gegend fotografiert hätten, genau wie jene Hamas-Männer, die vor dem 7. Oktober den Grenzzaun in Gaza fotografierten. (Mit der Überwachung der Grenzanlagen betraute Soldatinnen hatten dies ihren Vorgesetzten gemeldet – aber niemand hatte auf sie gehört.) Und jetzt kommt im Nachrichtenjournal ein Bericht, Polizeistationen im ganzen Land seien mit Tausenden verängstigten Anfragen überschwemmt worden, die alle Ähnliches meldeten. Offenbar weckt jeder, der irgendwie arabisch aussieht und ein Telefon in der Hand hält, inzwischen Verdacht.

Anwohner aus unserem Viertel haben bereits eine private Sicherheitsfirma angeheuert, die um die Häuser patrouilliert. Und sie haben eine Bereitschaftseinheit aufgestellt, genau wie in den Ortschaften und Siedlungen entlang der Grenze. Selbst unser Nachbar R., der nette Buchhalter aus dem dritten Stock, den ich manchmal im Aufzug treffe, wenn er mit MacGyver, seinem Pudel, Gassi geht, hat sich dieser Nachbarschaftswehr angeschlossen und patrouilliert jetzt nachts mit einem Sturmgewehr über der Schulter durch die dunklen Straßen der Stadt. *(Gedanke: Vielleicht schreibst du eine*

Erzählung über ihn? R. macht sich auf eine nächtliche Streife und gerät in Gefahr? Aber was genau widerfährt ihm? Das musst du noch herausfinden.)

Mit Grauen denke ich an die Gesellschaft, die wir am Tag nach dem Krieg hier vorfinden werden – sofern wir die Zerstörung verhindern oder sie überleben –, und male mir ein Land voller Milizen aus, mit privaten Sicherheitsfirmen und Zäunen um jedes Viertel, dessen Bewohner es sich leisten können, mit Bürgern, die ihre Waffe auf jeden richten, dessen Gesicht ihnen nicht gefällt.

Die taktische Atombombe meines Bruders Ariel, der Flugzeugträger »Gerald Ford«, Putins Gas-Pipeline und das Sturmgewehr, das dem Nachbarn aus dem dritten Stock über der Schulter hängt, tauchen mich in eine tiefe Traurigkeit, aus der mich nicht einmal der Whiskey zu befreien vermag.

Das Geschenk der Literatur. Um die Nachwirkungen des Nachrichtenschauens loszuwerden, versuche ich, in der Nacht noch etwas zu lesen. Schlage erneut das Buch Ezechiel auf. Was für ein Irrtum! Die Untergangsprophezeiungen sind dort in der Metapher der brutalen Vergewaltigung einer Frau formuliert, die mich sogleich an Sarahs Ängste und die Vergewaltigungen auf dem Musikfestival und in den Kibbuzim erinnern. (»Und ich will dich in ihre Hände geben, dass sie deinen Hurenaltar abbrechen und dein Lager einreißen und dir deine Kleider ausziehen und dein schönes Geschmeide dir nehmen und dich nackt und bloß liegen lassen. Und sie sollen eine Versammlung gegen dich einberufen und dich steinigen und mit ihren Schwertern zerhauen und deine Häuser mit Feuer verbrennen und an dir das Gericht vollstrecken vor den Augen vieler Frauen.«) Ich schlage das Buch Ezechiel zu und schwöre mir, ihn nicht wieder zu lesen. Aber ich brauche Worte, die die Giftsätze, die ich den ganzen Tag gehört und gelesen habe, erträglicher machen, und nachdem ich eine Weile vor meiner Bücherwand gestanden habe, wähle ich Homers *Ilias*. Ehrlich gesagt habe ich nie großen Genuss daran gefunden, habe immer Ovids *Metamorphosen* vorgezogen, aber vielleicht ist jetzt der richtige Zeitpunkt?

Schon nach den ersten Zeilen wird mir klar: Mein Gespür, das mich im richtigen Moment zu Werken der Weltliteratur geleitet, enttäuscht mich auch diesmal nicht. Der Krieg zwischen Griechen und Trojanern, der auch mit einer Entführung seinen Anfang nimmt, setzt den Krieg in einen anderen Kontext, nicht den eines »Gesamtbilds« aus politischen Verschwörungstheorien mit Biden und Putin und der russischen Gas-Pipeline, sondern in den Kontext einer die Geschichte überdauernden Kette menschengemachter Kriege, die an dem Tag begonnen hat, an dem zum ersten Mal ein Schwert geschärft wurde, und niemals geendet hat. Zumindest sind wir also nicht allein damit.

Durstig trinke ich die Verse, wie einer, der in Gefangenschaft gewesen ist und, jetzt freigekommen, eine klar sprudelnde Quelle findet. Nichts hat sich geändert. Männer preisen in Heldenepen die »Großen Kriege«, in denen sie kämpfen, und Frauen wie Helena werden entführt. Zorn erfüllt mich, als ich von der Begehrlichkeit König Agamemnons lese, der die Lieblingssklavin des Achilleus raubt und so seinem Achaier-Heer schweren Schaden zufügt. Ich empöre mich, als Eris, die Göttin der Zwietracht und des Streits, auf dem Schlachtfeld den Samen der Rache in die Herzen der Männer versenkt. Und ich bin erschüttert, als Menelaos seine Lanze einem trojanischen Soldaten in die Brust rammt, obwohl dieser auf die Knie fällt und um sein Leben fleht. Wir sind im selben Krieg gefangen, und allem Anschein nach ist es einerlei, was wir tun, wir können ihm nicht entgehen. Zeus entscheidet durch das Los, wer in der Schlacht siegen und wer unterliegen wird, wer im Krieg sterben und wer leben soll: »Jetzo streckte der Vater empor die goldene Waage, legt in die Schalen hinein zwei finstere Todeslose, Trojas riesigem Volk und den erzumschirmten Achaiern, fasste die Mitt', und wog: da lastete schnell der Archaier Schicksalstag.« Findest du denn wirklich Trost darin, dass unser Schicksal in diesem Krieg nicht von uns selbst abhängt? Nein, aber vielleicht können diese Verse deinen Aktionsdrang für eine Weile beruhigen, die quälende Hoffnung, dank Mineralwasserflaschen oder amerikanischer Pässe könntest du von einem Krieg des Menschen gegen den Menschen verschont bleiben.

Dennoch, dieser achte Gesang der *Ilias* spendet dir doch auch ein wenig Trost für die kommenden Stunden, in denen du versuchen wirst, ein Auge zuzumachen. Aber es ist kein Siegesbild, sondern ein schönes Todesbild, das die Bilder von verbrannten Körpern verdrängen wird, die du nicht aus dem Gedächtnis bekommst. Rüste dich damit wie mit einem Bronzeschild, damit es dich schützt, auch im weiteren Verlauf dieses Krieges.

In den Versen wird der nahende Tod des Trojaners Gorgythion geschildert, des Priamos' Sohn. Getroffen vom Pfeil bricht er zusammen, doch in dem Moment, da seine Seele entweicht, gleicht er einer Blume im Moment des Aufblühens und der Geburt:

> »So wie der Mohn zur Seite das Haupt neigt, welcher im Garten steht, von Wuchs belastet, und Regenschauer des Frühlings: Also neigt' er zur Seite das Haupt, vom Helme beschweret.«

Und noch ein Moment, der dir einen Stich versetzt: Die Göttin Aphrodite will ihren Sohn Aeneas vor dem Tod bewahren. Als er auf dem Schlachtfeld von Diomedes verwundet wird, steigt sie herab aus dem Olymp in das Gemetzel, umfängt ihn mit ihren weißen »Lilienarmen« und »breitet ihm vor die Falte des silberhellen Gewandes, gegen der Feinde Geschoss«. Doch bei dem Versuch, ihren Sohn zu retten, wird Aphrodite durch einen Lanzenstich selbst verwundet, und zu ihrem Grauen entgleitet der Sohn ihren Armen. Apollon aber kommt ihr zu Hilfe, hüllt ihren Sohn »in dunkles Gewölk« und trägt Aeneas fort vom Schlachtfeld, während Aphrodite, »ihr Herz voll großer Betrübnis«, in den Olymp entrückt wird, wo ihr Vater Zeus ihr eine Standpauke hält: »Töchterchen, dein Geschäft sind nicht die Werke des Krieges. Ordne du lieber hinfort anmutige Werke der Hochzeit.«

(Du musst diese Zeilen mit Bleistift markieren, damit du sie deinen Studenten beim Schreibkurs in der nächsten Woche zum Geschenk machen kannst.)

TEIL III

Vexierbilder der Kriegsroutine

(29.10.–25.11.2023)

Ein Nachruf und eine Geschichte, die nicht geschrieben werden wollen. Abends um sechs, als ich mich gerade auf das nächste Zoom-Meeting meines Seminars für kreatives Schreiben vorbereite, bekomme ich eine WhatsApp-Nachricht. Die Schriftstellerkollegin, die das Nachruf-Projekt für die Opfer des Schwarzen Schabbats koordiniert, für das ich mich in der ersten Kriegswoche angemeldet habe, fragt, ob ich bereit wäre, bis morgen früh einen Nachruf zu schreiben.

Die Dringlichkeit versetzt mich in Panik, und ich versuche, Zeit zu gewinnen. Über wen soll ich denn schreiben? Sie erzählt mir, es gehe um Lilach Kipnis, sechzig Jahre alt, aus dem Kibbuz Be'eri. Sie galt als vermisst, war nach dem 7. Oktober unauffindbar, weshalb ihre Familienangehörigen annahmen, sie sei nach Gaza verschleppt worden. Erst jetzt, zwei Wochen später, sind die Überreste ihrer Leiche in den Trümmern ihres niedergebrannten Hauses gefunden worden. Offenbar gehört sie zu denen, die bei lebendigem Leibe im Schutzraum verbrannten, in den sie sich vor den Terroristen geflüchtet hatten. Am nächsten Tag soll sie beigesetzt werden, und wenn ich zusage, ihren Nachruf zu verfassen, wird mich eine Rechercheurin des Projekts in der nächsten Stunde kontaktieren und mir Einzelheiten zu Lilachs Leben übersenden.

Mein Fenster steht offen, denn seit dem Morgen hat es keinen Luftalarm mehr gegeben. Der Abend sinkt herab. Ich frage, ob ich in ein paar Minuten zurückrufen könne, und suche nach mehr Informationen über Lilach Kipnis im Internet. Lilach war Sozialarbeiterin und widmete ihr Leben den Kindern aus Ortschaften und landwirtschaftlichen Siedlungen im Süden, die in der ständigen Angst vor den Raketen der Hamas aufwachsen, mit tagtäglichem Luftalarm und Rennen in die Schutzräume. Sie hatte sogar ein Kinderbuch geschrieben, das ihren jungen Lesern helfen sollte, mit diesem Trauma fertigzuwerden. Auf einem Foto, das ich im Netz finde, ist sie inmitten eines blühenden Feldes zu sehen, in weißer, frühlingshafter Bluse, mit einem cremefarbenen, breitkrempigen Strohhut auf dem Kopf, umgeben von mannshohen Sonnenblumen, die ihr ihre gelben Gesichter zuwenden, als betrachteten sie sie voller Erstaunen oder teilten ihre Freude. (Schon wieder Blumen, wie in der

Ilias, die das schreckliche Bild vom Tod durch Verbrennen verdrängen.)

Vielleicht, weil Lilach selbst Schriftstellerin war, vielleicht aber auch nur wegen der kurzen Frist, sage ich schließlich, ich würde es nicht schaffen, ihren Nachruf bis zum nächsten Morgen fertigzubekommen. Jemand anderes wird es an meiner Stelle tun.

Bei dem Zoom-Gespräch mit den Studentinnen und Studenten ist zu spüren, dass alle nach wie vor im Schockzustand sind. Als wären alle Uhren am 7. Oktober stehen geblieben, als wäre seitdem nicht mal eine Stunde vergangen. Ich erkläre ihnen, mein Arbeitszimmer sei zugleich auch der Schutzraum unserer Wohnung, und falls es Luftalarm gäbe, müsste ich das Meeting beenden. Auch teile ich ihnen mit, dass der Semesterbeginn erneut verschoben wurde und es noch unklar ist, wann das Studienjahr anfangen kann. In der Literaturfakultät ist so gut wie niemand eingezogen, aber insgesamt sind mehr als ein Drittel aller Studierenden an der Universität zum Reservedienst einberufen, und wann sie entlassen werden, lässt sich noch nicht absehen. Bis dahin ist an einen Beginn des akademischen Jahres nicht zu denken.

Danach frage ich, ob jemand irgendetwas geschrieben hat und uns daran teilhaben lassen möchte – aber da niemand etwas zustande gebracht hat, lesen wir in der *Ilias*. Oder vielmehr, ich lese, und sie hören schweigend zu. Gegen Ende des Meetings wird mir klar, dass sie höchstwahrscheinlich nichts von sich aus schreiben werden, wenn ich ihnen für das nächste Treffen keine konkrete Schreibaufgabe stelle.

Also improvisiere ich Schreibübungen, die unsere Fantasie aus dem Luftschutzraum befreien sollen, in dem sie noch immer gefangen ist. Schreibt doch eine Geschichte, die am 6. Oktober spielt, vor Ausbruch des Kriegs, schlage ich vor. Oder eine Geschichte, die genau ein Jahr später stattfindet, am 7. Oktober 2024. Und vielleicht wegen meiner Beklemmung, weil ich mich vor dem Nachruf gedrückt habe, schlage ich noch eine dritte Übung vor, nicht als Schreibvorgabe, sondern zum Nachdenken: Aus allen Artikeln und Zeitungsmeldungen, die ihr gelesen habt über die Ereignisse des 7. Oktober – wählt einen Menschen aus, der eure Aufmerksamkeit geweckt hat, und schreibt, warum ausgerechnet er oder sie geeignet ist, als Protagonist eurer Geschichte zu dienen.

*

Todesfelder. Und vielleicht auch, weil ich den Nachruf am Ende nicht geschrieben habe, schließe ich mich erstmals einer Gruppe von Freiwilligen von der Universität an, die im westlichen Negev auf den Feldern aushilft – anstelle der thailändischen Arbeiter, die das Land verlassen haben, nachdem viele ihrer Freunde am 7. Oktober ermordet oder nach Gaza entführt worden sind, und der palästinensischen Hilfsarbeiter, denen die Einreise verboten ist. Israelis arbeiten schon seit vielen Jahren nicht mehr in der Landwirtschaft oder auf dem Bau, und diese beiden Wirtschaftszweige stehen jetzt kurz vor dem Kollaps.

Ich will mit dem Motorrad hinfahren, zum einen, weil ich organisierte Gruppenreisen nicht mag, vor allem aber, weil ich den Straßen folgen möchte, die ich in den Schreckensvideos gesehen habe. Aber ich erhalte keine Genehmigung. Die Felder, auf denen wir zum Einsatz kommen, liegen unmittelbar an der Grenze zum Gazastreifen, und die ganze Region ist zum militärischen Sperrgebiet erklärt worden, Privatfahrzeuge dürfen hier nicht fahren. Bevor ich aufbreche, bittet Martha mich inständig, vorsichtig zu sein. Ich sage, ich hätte weniger Angst vor Granaten als vor der langen Busfahrt in Gesellschaft von Dozentinnen und Studenten. Auch als Schüler schon habe ich mich nach Möglichkeit vor den jährlichen Klassenausflügen gedrückt.

Doch meine Befürchtungen erweisen sich als unberechtigt. Jeder Freiwillige hat einen Zweiersitz für sich und schottet sich mit seinen Kopfhörern schweigend von der Außenwelt ab. Die Blicke sind verhangen, wie der Morgen, der Tel Aviv eine schwere, schmutziggraue Wolkendecke beschert. Auf den Straßen herrscht so gut wie kein Verkehr, erst recht, je weiter wir in den Süden des Landes gelangen, wo zu jeder Stunde des Tages nach wie vor Raketen in großer Zahl einschlagen können, und das nicht nur einmal am Tag wie bei uns. Ganze Städte dort sind evakuiert und ihre Bewohner zu unfreiwilligem Hotelaufenthalt überall im Land verurteilt. Auch ich setze meine Kopfhörer auf und höre weiter Stefan Zweigs *Die Welt von gestern,* das ich als Jugendlicher zuletzt gelesen habe. Bin ich den Untergangsgeschichten anderer verfallen?

Zweigs Reise zurück durch die Zeit und das Schaukeln des Busses versetzen auch mich zurück in die Vergangenheit – zu den Fahrten zum Armeestützpunkt unweit von Nablus, wo ich meine Rekrutenzeit verbrachte. Am Sonntagmorgen fuhr mein Vater mich immer zum Sammelpunkt in Kfar Saba. »Ich hoffe, wir bauen einen Unfall und kommen nicht an«, sagte ich unterwegs zu ihm – und er schwieg. Mein Vater war Offizier in einer Kampfeinheit. Muss das explizit erwähnt werden? Er leistete Reservedienst, bis er fünfzig war, und liebte die Uniform weit mehr als seinen Rechtsanwalts-Anzug. Am Sammelpunkt steigen wir in den Bus der Armee. Vor einem Monat erst sind wir noch Gymnasiasten gewesen. Als wir den Checkpoint zur Westbank passieren und durch arabische Dörfer fahren – 'Azzun, Kafr Laqif, Hadsche –, müssen wir die dunklen Vorhänge vor den Busfenstern zuziehen und unsere Waffen entsichern. Das war das erste Mal in meinem Leben, dass ich die Grüne Linie überquerte.

Ich schiebe den Vorhang beiseite, will etwas sehen von der Strecke. Sollten wir damals nur aus Sicherheitsgründen die Vorhänge im Bus zuziehen oder auch, damit wir nichts sahen? Jetzt aber will ich sehen. Je weiter wir nach Süden kommen, desto mehr geht die urbane Landschaft in sandige Hügel über, von herbstlichem Flaum bedeckt. Über diese Straßen sind ungestört die Pick-ups und Motorräder der Hamas gebraust. Wir passieren Kontrollposten von Armee und Polizei – hier sind so gut wie keine Zivilisten oder Privatfahrzeuge mehr zu sehen, nur noch Soldaten und Polizeikräfte – und kommen an dem Eukalyptuswäldchen vorbei, wo das Musikfestival stattgefunden hat. Es sieht noch immer aus wie ein *killing field*. Die persönlichen Habseligkeiten, Kleidungsstücke und Taschen der Ermordeten liegen zwischen den Bäumen auf dem weichen Erdreich verstreut. Spurensicherungsteams und Freiwillige der Organisation zur Identifizierung von Anschlagsopfern versuchen noch immer, menschliche Überreste zu finden. Entlang der Straße, an der die Autos der Ermordeten parkten, und rechts und links der Wege, auf denen sie dem Massaker zu entkommen versucht haben, sind am Boden akkurate schwarze Rechtecke auszumachen: die Brandspuren der Fahrzeuge, die in Flammen aufgingen.

Der Bus erreicht den Moschaw Ain-Habassor über eine unbefestigte Nebenpiste. Gepflügte Felder erstrecken sich über viele Hektar. Und dahinter – Gaza. Die Detonationen der von unserer Luftwaffe abgeworfenen Bomben und Granaten sind fortwährend zu hören, begleitet vom Schwirren und Surren der Kampfhubschrauber und unbemannten Marschflugkörper. Aber sonderbarerweise wirkt der Krieg hier weniger konkret, als hätten wir uns von ihm wegbewegt, obgleich wir nur wenige Kilometer von seinem Schauplatz entfernt sind.

Ilan, der Bauer, bei dem wir arbeiten werden, erzählt von dem Wunder, das dem Moschaw an jenem Schabbat widerfahren ist. Über die Felder, auf denen ihr jetzt steht, erzählt er, haben sie versucht, in den Moschaw einzudringen. Die Bereitschaftswehr, sechs Mann (er war einer von ihnen), habe mit Pistolen und zwei Sturmgewehren versucht, die Siedlung zu verteidigen. Und nach einer Stunde Gefecht sei es ihnen gelungen, die Terroristen abzuwehren.

»Genauer gesagt«, korrigiert er sich, »sind sie einfach abgezogen. Sind woanders hin. Helden sind wir nun wirklich nicht gewesen. Hätten die weitergekämpft, wären sie höchstwahrscheinlich auch bei uns in die Siedlung eingedrungen. Uns ging ja schon die Munition aus. Wir hatten einfach Glück. Keine Ahnung, warum sie abgezogen sind.« (Und ich denke an Zeus und sein Los, das bestimmt, wer in der Schlacht stirbt und wer überleben wird.) Erst am Abend, nachdem sie sich über Stunden verschanzt hatten, sei die Armee gekommen und habe die Bewohner evakuiert, alle bis auf einige Dutzend Männer, Bauern, die nicht gewillt waren, ihre Felder sich selbst zu überlassen.

Wir ernten Salat. Durchtrennen den feuchten Strunk mit einem scharfen Messer. Unser Ertrag ist dürftig, wir sind weit entfernt von der Geschwindigkeit der thailändischen Erntearbeiter. Und alle Salatköpfe, die wir heute nicht ernten, werden auf den Feldern verfaulen. Bis auf den einen oder anderen Witz über das landwirtschaftliche Geschick von Akademikern arbeiten wir schweigend, konzentriert, im Gefühl, einen Auftrag zu erfüllen. Hier wächst sonst ein gutes Fünftel aller in Israel verkauften Salatköpfe, und der Mangel ist schon spürbar auf den Märkten. Auf den Feldern gibt es weder Schutzräume noch sonst irgendeine Deckung, aber niemand fragt, was wir tun sollen, wenn es Luftalarm gibt. (Vor meinem Aufbruch am Morgen hat Martha mir eingebläut: Leg dich flach auf den Boden und bedeck den Kopf mit beiden Händen.) Der Grund, warum der Krieg hier, trotz der nicht abreißenden Detonationen aus Gaza, weniger unmittelbar scheint als in Tel Aviv, ist, dass wir während der Arbeit keine Gelegenheit haben, auf unseren Mobiltelefonen die Nachrichtenlage zu verfolgen. Mit der Zeit fällt die Salaternte leichter, werden die Hände geschickter. Nach dem Mittagessen bittet Ilan uns, die Ernte zu beenden, obwohl die Felder noch voller Salat sind, und stattdessen Salatsetzlinge auszubringen, damit es in zwei, drei Monaten etwas zu ernten gibt, »auch wenn keiner weiß, was dann hier sein wird«. Das Pflanzen ist sehr viel mühevoller. Ich schneide mir die Finger auf bei dem Versuch, die zarten Pflänzchen aus den scharfkantigen Plastikpaletten zu holen. Schon bald sind meine Hände blutverschmiert. Ich muss grinsen: Jetzt bist du kriegsversehrt.

*

Idee für eine Geschichte, notiert im Bus auf dem Rückweg von Ain-Habassor. *Der Held ist ein Mann von Mitte dreißig. Wie er heißt, weiß ich noch nicht. Er ist mit einer Nicht-Israelin (Ingrid) verheiratet und hat mir ihr einen erst wenige Monate alten Sohn (Stefan). Am Morgen des 7. Oktober, als erste Einzelheiten der Katastrophe sich abzeichnen und Tausende von Israelis Einberufungsbefehle erhalten, sagt er zu seiner Frau, er sei zum Reservedienst eingezogen worden und müsse in den Kampf. Sie weint. Ihr kleiner Sohn auch. Die Geschichte folgt ihm, als er Abschied von ihnen nimmt, verspricht, bald zurück zu sein, in seinen Wagen steigt – und gen Süden fährt. An einer Tankstelle trifft er auf einen Reserveoffizier – ein Mann um die sechzig, eine Art Vaterfigur –, der versucht, auf eigene Faust in die Kampfregion zu gelangen und dort ins Geschehen einzugreifen. Der Held nimmt ihn im Auto mit, und unterwegs, durch die Gespräche mit dem älteren Mann, vor allem aber durch seinen eigenen Gedankenstrom, begreift der Leser: Der Held hat am Morgen gar keinen Stellungsbefehl* *erhalten, ja ist längst vom Militärdienst freigestellt. Aber er hat, als sie sich kennenlernten, seiner Frau Ingrid erzählt, er habe in einer Elitekampfeinheit gedient, weshalb er, offenbar um dieses Image zu untermauern, sich am Morgen zu diesem Aufbruch hat hinreißen lassen. Sie erreichen das Kampfgebiet, und unser Held findet sich gleich mitten im Gefecht wieder, Kugeln pfeifen um ihn herum, Granaten schlagen neben ihm ein, ja er beweist sogar Heldenmut (springt vielleicht aus seinem Wagen, unbewaffnet, und rettet eine verletzte Frau aus ihrem brennenden Fahrzeug am Straßenrand), ehe er von einer Kugel in die Brust getroffen wird. Die Wahrheit über seine unheroische Vergangenheit offenbart sich seiner Frau erst später. Oder bleibt vielleicht auch unaufgedeckt? (Ich weiß ehrlich gesagt nicht, ob ich die Geschichte je schreiben werde, bin aber überrascht, dass mir die Idee zu einer solchen Geschichte überhaupt möglich ist.)*

*

Im Schlachtendunst sieht man Gaza nicht. Am Abend, nach einer heißen Dusche, will ich, zum ersten Mal seit Beginn des Krieges, auf einem der französischen Kanäle, auf CNN oder auf *Al Jazeera* Nachrichten schauen und nicht auf einem der israelischen Sender, um zu sehen, was in Gaza geschieht. Der Krieg hat zwar in Israel begonnen, und es gibt auch hin und wieder noch Luftalarm, gerade eben ist einer gewesen, doch seither findet er im Wesentlichen in Gaza statt, das ich heute, an diesem diesigen, grauen Tag, von den Salatfeldern aus nicht habe sehen können.

Sarah verschwindet in ihr Zimmer, weil sie sich weigert, *Al Jazeera* zu schauen. Was will sie denn sehen? Sie fragt vorsichtig, ob ich den vom Armeesprecher zusammengestellten »Horrorfilm« schon gesehen habe, der unzensiert die Ereignisse des Schwarzen Schabbats dokumentiert und in den letzten Tagen in Israel und überall auf der Welt hinter verschlossenen Türen ausländischen Botschaftern, Influencern und prominenten Vertretern der Filmbranche aus Hollywood gezeigt wird. Alle reden nur flüsternd darüber, fragen, ob man ihn schon gesehen habe, und wenn ja, wie man »dran gekommen« sei, in einer seltsamen Mischung aus Neid und Grauen denjenigen gegenüber, die das »Privileg« hatten, ihn zu sehen. »Du könntest ihn doch besorgen, bei deinen Kontakten zum Fernsehen, oder?« Ich sage Nein und beschwöre sie, sich den Film nicht anzuschauen, sollte er ihr irgendwie doch in die Hände geraten.

Die Bilder der ausländischen Fernsehkanäle offenbaren, wie trügerisch die pastorale Ruhe war, die ich auf den Salatfeldern empfunden habe. Im Dunst des Schlachtennebels sind israelische Infanterieeinheiten und Panzerverbände bereits im Norden des Gazastreifens auf dem Vormarsch zu Ortschaften und Vierteln, deren Bewohner Richtung Khan Yunis und Rafah im Süden geflohen sind. Zerbombte Straßen, aufgerissene Häuser, in denen riesige Wunden klaffen. So habe ich Tel Aviv in meiner Vorstellung gesehen, am Tag meiner Rückkehr nach Israel. Die Zahl der Kriegsopfer steigt minütlich, so wie die der Ermordeten am 7. Oktober in Israel. Unter den Hunderten von Toten sind viele Kinder. Eltern tragen ihre Kinder auf dem Arm zu den Krankenhäusern. Auf unseren Nachrichtenkanälen dagegen bekommt man Gaza so gut wie nicht zu sehen, wird nicht einmal darüber berichtet, dass die Bodenoffensive bereits begonnen hat.

(Erste Idee für einen politischen Artikel: Es liegt etwas Paradoxes in unserem Verhältnis zu Bildern in diesem Krieg. Einerseits dokumentieren die Bilder des Massakers Verlust und Niederlage, weshalb sie vor der Öffentlichkeit verborgen bleiben müssen. Andererseits erklären Experten in einem fort, man müsse sie ausländischen Augen zeigen, zur »Legitimation«, nach der Logik: Je brutaler der Angriff,

dessen Opfer du geworden bist, desto größer dein Recht, erbarmungslos zurückzuschlagen. Umgekehrt bleiben, derselben Logik folgend, die Bilder von Zerstörung und Flucht in Gaza besser ausländischen Augen vorenthalten, während sie der israelischen Öffentlichkeit durchaus präsentiert werden können, die eine Korrektur wünscht und – wie von Tag zu Tag deutlicher wird – auch Rache. Aber wie genau soll dann ein »Siegesbild« aussehen, von dem Militärexperten sagen, die Armee dürfe den Krieg ohne ein solches nicht beenden?)

Als Ariel anruft, gehe ich auf den Balkon, damit unser Gespräch nicht zu hören ist. Er fragt, was ich im Süden gesehen habe, und ich erzähle ihm von den Truthahnkäfigen, auf die Hamas-Terroristen, die zum Teil offenbar unter Drogeneinfluss standen, mit ihren Maschinengewehren geballert haben. (Auch Martha habe ich dieses Bild erspart. Ich stelle mir die Schreie vor, die großen Vögel, die mit ihren Flügeln in dem engen, überfüllten Massengelege aufeinander einschlagen, versuchen, dem Blutbad zu entrinnen.) »Der Bauer, bei dem wir gearbeitet haben, hat uns etwas erzählt, das ich noch nirgendwo gehört habe«, sage ich, froh, meinem Bruder etwas verraten zu können, das er noch nicht weiß.

»Und was?«

»Überlebende haben bezeugt, sie hätten Terroristen Persisch reden hören. Offenbar müssen unter den Angreifern auch Iraner gewesen sein.«

»Ach was.« Ariels unbeeindruckte Reaktion macht mir klar, dass das für ihn nichts Neues ist. »In den Medien wird darüber nicht berichtet, um zu verschleiern, dass wir im Begriff sind, Teheran anzugreifen. Warum, denkst du denn, kommen all die Staatschefs her? Etwa, weil sie Sehnsucht nach Bibi haben?« Ich verstehe den Zusammenhang nicht zwischen den Besuchen von Biden und Scholz und den Gerüchten über iranische Terroristen, aber Ariel erklärt: »Es gibt Geheimdienstmaterial, das sich nur persönlich zeigen lässt, unter vier Augen gewissermaßen. Bibi hat ihnen solche Sachen hinter verschlossenen Türen präsentiert, damit nichts nach außen dringt, verstehst du?« Obgleich ich von der ungewohnten körperlichen Arbeit vollkommen erschlagen bin, begreife ich, dass ich auch heute Nacht kein Auge zumachen werde. Wobei mir nicht klar ist, wie etwas, das Netanjahu hinter sorgsam verschlossenen Türen zum britischen Premier Sunak gesagt hat, trotz allem nach außen gedrungen und bis zu meinem Bruder durchgesickert ist.

»Du denkst also noch immer, es wird einen richtig großen Krieg geben?«

»Klar, was hast du denn gedacht? Vielleicht sogar noch heute Nacht«, sagt Ariel. »Und sonst, was gibt's Neues? Hast du Mama seit Kriegsbeginn mal besucht?«

(Vielleicht, wenn ich noch ein bisschen Stefan Zweig höre, schaffe ich es ja doch, Schlaf zu finden? »Keinen schlimmeren Fluch hat die Technik über uns gebracht, als dass sie uns verhindert, auch nur für einen Augenblick der Gegenwart zu entfliehen. Frühere Geschlechter konnten sich in Katastrophenzeiten zurückflüchten in Einsamkeit und Abseitigkeit; uns erst war es vorbehalten, alles in der gleichen Stunde und Sekunde wissen und empfinden zu müssen, was irgendwo Schlimmes auf unserem Erdball geschieht.«)

*

Du hast dich nie zu Hause gefühlt. Im Unterschied zu anderen Wohnungen, die sich seit Kriegsbeginn merklich verändert haben – Kinderzimmer voller Spielsachen und Arbeitszimmer voller Bücher sind zu Schutzräumen geworden, bei vielen Familien campieren im Wohnzimmer Verwandte, die aus ihren Häusern evakuiert wurden –, hat sich in der Wohnung meiner Mutter überhaupt nichts verändert. Über dem Sofa ist eine braune Decke ausgebreitet, wie immer, wenn Gäste kommen, um das gute Stück vor Verschmutzung zu schützen. Die Zimmer funkeln vor Sauberkeit. (Warum sollte es hier auch nicht sauber sein, sagt sie, als ich eine Bemerkung darüber verliere. Was habe ich denn zu tun im Krieg, außer zu putzen?) In der Wohnung gibt es keinen Schutzraum, und wenn in Cholon Luftalarm herrscht, suchen die Bewohner des Hauses Zuflucht im Treppenhaus.

Sarah erzählt meiner Mutter, sie schaue regelmäßig Nachrichten und sei in allen Einzelheiten des Krieges auf dem neuesten Stand, und meine Mutter wirkt zufrieden. Sie kann meine Schwester Yael nicht verstehen, die die Gräuel vor ihren Töchtern zu verbergen sucht. Kinder müssen wissen, womit wir hier zu kämpfen haben. Doch ich spüre, es ist mehr als das: Aus Sicht meiner Mutter ist die Teilhabe am Krieg durch das Anschauen von Videoaufnahmen des Massakers und den fortlaufenden Nachrichtenkonsum so etwas wie ein Initiationsritus in Israelisch-Sein für unbeschwerte Jungen und Mädchen, die gedacht haben, das Leben bestehe nur aus Katzenvideos auf TikTok oder Taylor-Swift-Songs. So eine Art Bund der Beschneidung, eine nationale Brit-Mila.

Meine Mutter versucht, mich in ein Gespräch über Politik zu verwickeln, was ich zu vermeiden versuche, auch, weil Sarah dabei ist. Ich will nicht streiten. Wir sind hergekommen, um zu erfahren, wie es ihr geht, und ein bisschen Zeit mit ihr zu verbringen. Aber meine Mutter versteht es, meine Empörungsdrüsen zu stimulieren: Meinst du nicht, dass die von der Hamas schlimmer sind als die Nazis?, fragt sie. Die hätten doch immerhin in kultivierter Form gemordet. (Ich bin fest überzeugt, auch sie, deren Eltern den Krieg in Ungarn und in Bulgarien überlebt haben, denkt nicht wirklich so.)

Sofort bin ich nahe dran, die Beherrschung zu verlieren. Das war ein dummer Fehler herzukommen, zumal mit Sarah. Nein, ich denke nicht, dass sie schlimmer sind, antworte ich ruhig, habe mich noch unter Kontrolle. Außerdem, was mir wirklich Angst macht, sind die Auswirkungen des Krieges auf uns. Die Katastrophe, die wir jetzt über Gaza bringen und indirekt auch über uns selbst. Nichts rechtfertigt das furchtbare Morden am 7. Oktober, aber ich denke, was wir vorher getan haben und auch jetzt noch tun, hilft uns ganz bestimmt nicht, die nächste Katastrophe zu verhindern. Und die Grausamkeit der Hamas am Schwarzen Schabbat rechtfertigt nicht retroaktiv die langen Jahre drakonischer Kontrolle über das Leben der Palästinenser.

Meine Mutter weiß, jetzt bin ich in einem Gespräch gefangen, auf das ich mich nicht einlassen wollte. Alles, was ihr noch zu tun bleibt, ist, den Sicherungsstift der Granate zu ziehen.

Also sind deiner Meinung nach wir das Problem, natürlich, fragt sie, was aber nicht als Frage gemeint ist, und ich beeile mich zu antworten, nein, sicher sind wir nicht das alleinige Problem, aber mich interessiert vor allem, was wir tun können, um hier in Frieden zu leben. Das Massaker und der Krieg, so meine Befürchtung, werden Entwicklungen verschärfen, die bei uns längst im Gange sind: wachsender Nationalismus, ein Einknicken vor politischen Kräften, die jede Verständigung mit den Palästinensern ablehnen, die weiter deren Leben und Schicksal gewaltsam kontrollieren wollen, die blind sind für das Recht der Palästinenser, in Würde Seite an Seite mit uns zu leben. All das wird noch schlimmer werden. Neben der massenhaften Ausgabe von Waffen und der Errichtung von Bereitschaftswehren im ganzen Land bestellt die Polizei ja inzwischen Israelis zur Vernehmung ein, die es wagen, sich gegen den Krieg zu äußern, und Demonstrationen für eine Beendigung des Krieges sind verboten. Ich habe Angst, dass wir auf dem Weg in den Untergang sind. Und dass dies hier irgendwann nicht mehr der Ort ist, an dem ich leben kann oder will.

Sarah schweigt und sieht mich an mit einem

Blick, den ich nicht deuten kann oder will. »Warum bist du dann überhaupt zurückgekommen?«, fragt meine Mutter. »Du warst doch in Frankreich und hättest genauso gut dortbleiben können, oder nicht?«

Es ist das erste Mal, dass ich wirklich bedaure, zurückgekehrt zu sein. »Ich weiß nicht, warum«, antworte ich. »Ich hatte das Gefühl, ich muss.«

»Und jetzt überlegst du wegzugehen?«

Im Augenblick denke ich nicht daran. Vielleicht nach dem Krieg, sage ich, wenn sein einziges Resultat eine Vernichtung der Hamas ist, ohne dass bei uns ein Umdenken über unsere Zukunft hier stattfindet. Wenn es keine wirkliche Bereitschaft geben sollte, auch unsere Verantwortung für die Katastrophe in diesem Teil der Welt anzuerkennen. Ja, vielleicht ist dann der Moment gekommen zu gehen.

Ist das die Antwort, auf die meine Mutter gewartet hat? Sie wendet sich an Sarah, von der ich nicht weiß, ob sie versteht, dass dieses Gespräch, das in ihrem Beisein geführt wird, deutlich mehr persönlich als politisch ist, und fragt sie, ob auch sie wegmöchte, und Sarah sagt, nein, sie will um jeden Preis hierbleiben, auch wenn ich wegginge, und meine Mutter ist befriedigt.

Da kann man nichts machen, du hattest immer ein Problem damit, dich zugehörig zu fühlen, resümiert sie unser Gespräch. Offenbar hast du es deswegen ja auch in der Armee so schwer gehabt. Du hast noch nie verstanden, dich zu Hause zu fühlen.

Der »Geiselplatz«. Ist es wegen des Gesprächs mit meiner Mutter, dass ich beschließe, zum ersten Mal zum »Geiselplatz« in Tel Aviv zu fahren, ohne zu wissen, was genau ich dort will? In der Mitte des Platzes steht ein langer Tisch, festlich eingedeckt wie für ein Schabbatmahl (weiße Tischdecke, Porzellanteller mit bunten Servietten und daneben Weingläser), und um den Tisch mehr als 240 leere Stühle. Ich sehe dort meinen Freund D. – na ja, eigentlich heißt er Dror, wie ich, ich darf das schreiben, und mir will scheinen, die Namensgleichheit hat eine besondere Nähe zwischen uns entstehen lassen, seit dem Tag, als wir uns vor Jahren zum ersten Mal an der Hebräischen Universität in Jerusalem begegnet sind.

Dror ist Schriftsteller und Lyriker, hat in den letzten Jahren vor allem über die Natur geschrieben, erst ein Buch über Bäume, dann eines über Insekten und schließlich eines über Vögel. Trotz seiner Größe – er ist ein wahrer Riese – hat er eine Milde und Unaufdringlichkeit an sich, von der ich spüre, es ist genau das, was ich brauche. Seit die Familien der Entführungsopfer den Platz vor dem

Museum und der Stadtbibliothek zum »Geiselplatz« gemacht haben, steht er hier jeden Tag ein paar Stunden und hält in seinen großen Händen ein Foto von Kfir Bibas, einem rothaarigen, fröhlichen Baby von gerade mal zehn Monaten, die jüngste Geisel, die sich in den Händen der Hamas befindet.

Wir stehen nebeneinander, in einiger Entfernung zu den Familien der Entführten, die hier demonstrieren und fordern, alle Geiseln nach Hause zu bringen, und sei es um den Preis eines Kriegsstopps. Ich möchte auch das Foto eines Entführungsopfers halten und entscheide mich für ein dreizehnjähriges Mädchen, nur ein paar Monate jünger als Sarah und mit demselben strahlenden Lächeln wie auf dem Gesicht meiner Tochter vor dem Krieg. Ihr Name ist Gali Tarshansky. Am 7. Oktober hatte sie sich mit ihrem zwei Jahre älteren Bruder Lior im Schutzraum ihres Hauses im Kibbuz Be'eri versteckt. Als die Terroristen versuchten, die Tür des Schutzraums aufzusprengen, kletterten die beiden Geschwister aus dem Fenster und verloren einander auf der Flucht. Lior wurde ermordet und Gali nach Gaza entführt.

Ich betrachte ihr Bild lange, versuche, mir das Leuchten ihrer Augen und ihr Lächeln einzuprägen. Als Luftalarm ertönt, gehen wir alle an einer Hausmauer in Deckung, und obwohl das alles andere als sicher ist, empfinde ich nicht für einen Moment Gefahr.

(Schreib auch, wie dieser Tag endet: Du kommst nach Hause, Martha und Sarah schauen im Wohnzimmer Nachrichten, Benjamin ist in seinem Zimmer, guckt sich die Premier-League-Partie zwischen Manchester United und Manchester City an. Du klopfst an die Tür, und er öffnet. Diesmal regt er dich nicht auf. Im Gegenteil. Du fragst, ob du dich zu ihm gesellen darfst, legst dich auf sein Bett, das von Kleidungsstücken, Büchern und schmutzigem Geschirr übersät ist, und verfolgst mit ihm die Übertragung. Alles, was wichtig ist, ist das Spiel, und du verstehst nicht, wie dich das vor ein paar Tagen noch hat verärgern können. Was könnte richtiger sein als das?)

*

Die Reihenfolge, in der wir den Schutzraum aufsuchen. Als Erste huscht Muna hinein, die den Luftalarm lange vor uns hört, ein kurzes Bellen von sich gibt und sich beeilt, ihren Platz dort zu besetzen. Ich bin der Nächste, weil ich die Stahlläden vor dem Fenster schließen muss. Danach kommt Martha, die unterwegs an die Türen der Kinder hämmert. Und erst ganz zum Schluss erscheinen Sarah und Benjamin, die den Alarm nicht gehört haben, weil sie geschlafen haben oder Kopfhörer aufhatten.

Die Reihenfolge, in der wir den Schutzraum verlassen: ich als Erster, weil ich nicht bereit bin, die vom Armeesprecher verlangten zehn Minuten abzuwarten. (Mein Vater ist bei Luftalarm nie in den Schutzraum. Während des Golfkriegs ist er immer rauf aufs Dach und hat den Himmel sondiert, mit bloßem Auge nach Raketen Ausschau gehalten. Er behauptete, am Geruch der Explosion erkennen zu können, ob es ein konventioneller Sprengkopf oder ein chemischer sei.) Nach mir Benjamin, der es eilig hat, zurück in sein Zimmer zu kommen, weil er mitten in einem Spiel ist. Danach Sarah, die weiß, dass es eigentlich verboten ist, den Schutzraum jetzt schon zu verlassen, aber nicht die Letzte dort sein will. Schließlich Martha, wahrscheinlich weil sie das Gefühl hat, es ergibt keinen Sinn, ohne die Kinder im Schutzraum zu bleiben, und ganz am Ende Muna, die genau zehn Minuten auf dem Teppich liegen bleibt, wie der Armeesprecher es vorschreibt, und erst dann in ihr Körbchen in der Wohnzimmerecke zurückkehrt.

*

»Siegesbild«. Zu Ariels Fassungslosigkeit scheint die Gefahr eines Großkriegs in der Region mit jedem Tag abzunehmen, vielleicht ja dank der »Gerald Ford«. Zwischen den israelischen Streitkräften und der Hisbollah kommt es nur zu begrenzten Feuergefechten, und ein Angriff auf den Iran bleibt aus. (»Nur weil Biden uns nicht lässt«, sagt mein Bruder.) Das Raketenarsenal der Hamas geht offenbar zur Neige, die Zahl der Luftalarme bei uns im Zentrum des Landes nimmt spürbar ab. Die Geschäfte haben wieder geöffnet, und die Kinder sind zumindest einen Teil der Zeit wieder in der Schule. Auch die Straßen sind wieder verstopft, nachdem sie über einen Monat lang fast leer waren und man dem Motorrad die Sporen geben konnte wie im Wilden Westen, da die Verkehrspolizei mit anderen Aufgaben beschäftigt war.

Der Krieg findet jetzt im Wesentlichen in Gaza statt, wo die Armee systematisch von Norden nach Süden vorrückt. Die Zahl der Todesopfer im Gazastreifen hat inzwischen die Zehntausend erreicht, darunter viele Kinder. Mehr als eine Million Menschen wurden gezwungen, ihre Wohnungen zu verlassen. Die Verlagerung des Leids von einer Seite der Grenze auf die andere ist fast vollständig erfolgt. (Du hast noch einen Artikel in *Haaretz* darüber geschrieben, der aber erst spätnachts auf der Internetseite der Zeitung erschien – und den so gut wie niemand gelesen hat.)

In den Fernsehstudios ist wieder von dem »Siegesbild« die Rede, nach dem erst sich der Krieg beenden ließe. Doch wird es das Bild der nach Hause zurückkehrenden Entführten sein? Oder das Bild der Leiche des Hamas-Führers Yahya Sinwar? Als die Armee gestern einen »humanitären Korridor« eröffnete und die Einwohner Gazas aufforderte, aus dem nördlichen Teil des Streifens in den Süden zu flüchten, zeichnete sich eine weitere Möglichkeit ab.

Tausende Einwohner von Gaza-Stadt, verzweifelt und niedergeschlagen, machen sich in langen Kolonnen zu Fuß auf den Weg (weil es keinen Treibstoff mehr gibt), die Glücklicheren haben von Eseln oder ausgezehrten Pferden gezogene Karren, gehen mit erhobenen Händen zum Zeichen der Kapitulation oder tragen improvisierte weiße Fahnen. In den Nachrichtensendungen heißt es, dieses traurige Bild – das einen an die Fotos von der *Nakba* denken lassen muss – sei der erste Ansatz eines »Siegesbildes«. Aber verstehen sie wirklich nicht, dass es zugleich auch das künftige Bild einer furchtbaren Niederlage in sich trägt?

Am nächsten Tag entdecke ich auf der Internetseite von *Haaretz* eine sonderbare, für die Zeitung untypische Schlagzeile – der Modekonzern Dior ersetzt für seine neue Werbekampagne Bella Hadid, US-amerikanisches Fotomodell mit palästinensischen Wurzeln, die das Massaker der Hamas nicht ausdrücklich verurteilt hat, durch ein israelisches Model. Ist das womöglich das wahre Siegesbild?

Die Jäger. Wer gerade nicht Jagd auf Terroristen in Gaza macht, trägt das Seine zum Krieg bei, indem er sich an der Jagd auf Prominente beteiligt, die das Massaker nicht nachdrücklich genug verurteilt haben oder auch danach noch »linke Ansichten« äußern. Schauspielerinnen, Komiker, Fußballstars, ja sogar Schriftsteller, zum Teil persönliche Freunde und Bekannte von mir, machen in den sozialen Netzwerken Jagd auf Intellektuelle, Universitätspräsidentinnen und internationale Autoren, die das Massaker angeblich nicht verurteilt oder behauptet haben, es müsse in einem »Kontext« gesehen werden. Werden hierzulande schon bald keine Bücher mehr erscheinen von Autoren und Autorinnen, die Israel im Krieg nicht rückhaltlos unterstützt haben? Ein Glück, dass Patricia Highsmith, meine Lieblingsautorin, schon lange tot ist. Ich wage gar nicht zu denken, was sie in den sozialen Netzwerken geschrieben hätte.

*

Die Kriegsroutine ist schlecht für die Fernsehkanäle. Sechs Wochen nach dem 7. Oktober zeigen alle zunehmend Schwierigkeiten, ihre Rund-um-die-Uhr-Berichterstattung zu füllen. Selbst die Heldengeschichten vom Schwarzen Schabbat gehen offenbar zur Neige – das zumindest schließe ich aus der dramatischen Ankündigung einer Reportage im abendlichen Nachrichtenjournal: »Die erschütternde Geschichte einer Navigatorin der Luftwaffe, die ihr Baby zu Hause lassen musste, um an den Einsätzen in Gaza teilzunehmen, und der mutige Mütter mit ihrer Milch aushalfen.«

Wenn der Krieg nicht endet, muss er sich wenigstens verschärfen. Entsprechend fragt, nach einem ruhigen Vormittag ohne Luftalarme und dramatische Meldungen, der Moderator der Fünf-Uhr-Nachrichten den Militärreporter mit einem Anklang von Enttäuschung: »Kann man sagen, es ist einfach ein weiterer Kriegstag?« Der Reporter scheint verlegen: »Absolut nicht, Rafi, nicht einfach ein weiterer Tag. Die Armee macht Fortschritte, es wurden eine Menge Ziele angegriffen, eine Menge Terroristen getötet. Alles nach Plan.«

Nur Minuten später gibt es Luftalarm, live und auf Sendung, eine Geschosssalve aus dem Libanon auf den Großraum Haifa, zum ersten Mal in diesem Krieg. Kann es denn sein – wirkt der Moderator tatsächlich erleichtert? Man sieht ihm das Adrenalin förmlich an und mit ihm der ganzen Sendung. Er fragt den Militärkorrespondenten, ob man von einer »Eskalation« sprechen müsse. Bis jetzt seien ja keine Raketen auf Haifa und Umgebung abgefeuert worden. Der Militärreporter windet sich. »Möglich«, sagt er, »möglich, dass es eine neue Stufe ist.« Und der Moderator wirkt nicht unzufrieden, dass die Eskalation ausgerechnet in seiner Sendestunde eingetreten ist.

Kurz vor Ende der Sendung hält der politische Kommentator noch eine hoffnungsvolle Neuigkeit parat: Die USA seien bestrebt, den Krieg noch vor den Feiertagen zu beenden. Vielleicht sogar schon vor Thanksgiving, spätestens aber vor Weihnachten. Ich schaue im Kalender nach, auf welches Datum Thanksgiving in diesem Jahr fällt.

*

Kriegsverbrechen. Wie alle anderen versuche ich, zurück zur Arbeit zu finden. Zu meinem Plan, über das Polizeirevier in Sderot zu schreiben. Aus dem Material, das ich zusammengetragen habe, weiß ich schon, es werden zwei Frauen im Zentrum der Geschichte stehen: Inspektor Bar Manshuri, die diensthabende Polizistin in der Nacht von Freitag auf Samstag, und Oberinspektor Maali Shoshana, die um 05:30 Uhr auf dem Revier eintrifft, um Manshuri abzulösen, eine Stunde vor Beginn des Angriffs.

Zwischenfazit der Recherche: ***Bar Manshuri**, Gemeindepolizistin, fährt nach Ende ihrer Nachtschicht nach Hause in den Kibbuz Nir-Am, unweit von Sderot. Wenig später setzt der erste Raketenbeschuss ein. Manshuri bringt ihre Kinder im Schutzraum in Sicherheit und fährt zurück zum Revier. Unterwegs sieht sie verunglückte, umgestürzte Fahrzeuge, von denen einige in Flammen stehen, nimmt aber an, es handle sich um eine Massenkarambolage, ausgelöst durch eine Panik während des Luftalarms. Anders als sonst stellt sie ihren Wagen auf dem hinteren Parkplatz ab und betritt das Revier durch den Hintereingang – eine intuitive Entscheidung, die ihr, wie sich herausstellt, das Leben rettet, denn vor dem Haupteingang des Reviers haben bereits Dutzende von Terroristen Stellung bezogen. Sie legt ihre Schutzweste an, setzt den Kampfhelm auf, zieht ihre Dienstwaffe (eine Pistole gegen die Maschinengewehre und Granatwerfer der Hamas-Kämpfer) und stößt zu der kleinen Gruppe aus Polizisten und Zivilisten, die versuchen, den Angriff abzuwehren. Erst jetzt* *realisiert sie, dass die Zahl der Angreifer gewaltig ist und es sich nicht um drei oder vier handelt, wie sie angenommen hat, sondern um einige Dutzend. Sie beteiligt sich an dem Feuergefecht, bei dem mehrere ihrer Kollegen getötet werden, ehe sie auf einmal die Nachricht erhält, Terroristen seien dabei, in den Kibbuz einzudringen, in dem sie ihre Kinder zurückgelassen hat. Manshuri setzt sich in ihren Wagen und versucht, nach Hause zurückzukehren, auf Straßen, die von den Pick-ups der Terroristen beherrscht werden. Sie schafft es zurück in den Kibbuz und zu ihren Kindern, fährt aber, als die Terroristen erfolgreich abgewehrt sind, zurück zum Revier, um dort weiterzukämpfen. Am nächsten Morgen kommt sie unverletzt heim.*

Unterdessen befehligt ***Maali Shoshana*** *die wenigen Polizisten, die sich noch im Revier befinden und es gegen die Übermacht der Terroristen zu verteidigen versuchen. Erfolglos. Als die Angreifer ins Gebäude eindringen und das gesamte Revier unter ihre Kontrolle bringen, zieht sich Maali mit den verbliebenen Beamten auf das Dach des Gebäudes zurück. Die Terroristen werfen Handgranaten aufs Dach, doch Maali gelingt es, diese zurückzuwerfen. Als sie an der Hand verwundet wird und keine Munition mehr hat, beschließt sie, sich tot zu stellen. Legt sich die blutende Hand auf den Kopf* *für den Fall, dass einer der Terroristen auf die Idee kommt, ihr aus nächster Nähe in den Kopf zu schießen, als finalen Tötungsschuss. Doch beim Gefecht sind mehrere Wassertanks der Solaranlagen getroffen worden und haben das Dach geflutet. Maali liegt in einer der Pfützen. Das Wasser ist kalt, und sie zittert. Sie denkt: »Leichen zittern nicht. Ich muss sofort aufhören damit.« Erst nach vier Stunden wird sie vom Dach des Gebäudes geborgen, auf dem etliche ihrer Kollegen getötet worden sind.*

(In deinem Tagebuch fügst du hinzu: Wie viele Frauen sind an jenem Schabbat zu Opfern geworden – sind verwundet, vergewaltigt, ermordet worden –, wie viele werden seither zu Opfern, in einem Krieg, der – auf beiden Seiten – ausschließlich von Männern geführt wird.)

In einem Café in Tel Aviv treffe ich mich mit A., Kriminalreporter für den Süden des Landes bei einer der Tageszeitungen. Seit dem 7. Oktober ist er in den Kibbuzim, in denen das Massaker stattgefunden hat, und den evakuierten Ortschaften im Süden unterwegs und sammelt Geschichten.

Über das Polizeirevier in Sderot – der eigentliche Grund, warum ich mich mit ihm treffen wollte – weiß er nicht viel, aber da er meine Bücher kennt und schätzt, ist er begierig darauf, mir von

Verbrechen zu erzählen, die sich seither dort in der Gegend ereignet haben. Auch ihn zieht es, genau wie mich, mehr zu den kleinen Geschichten der kleinen Leute, derjenigen, die für gewöhnlich im Gesamtbild außen vor bleiben. Er ist um die fünfzig, unrasiert und der Einzige, der in diesem Tel Aviver Café einen alten Trainingsanzug trägt. Außerdem ist er erkältet und unser Tisch schon bald von benutzten Taschentüchern übersät.

»Du kannst dir nicht vorstellen, was für ein Chaos dort in den ersten Tagen geherrscht hat«, sagt er, und seine Augen funkeln. Krieg ist ja bekanntermaßen ein Paradies für Kriminelle. Was denn zum Beispiel?, frage ich, und er erzählt, es seien Hunderte von Waffen – Pistolen, Gewehre, Granatwerfer – von den Tatorten entwendet worden. Die Leichen getöteter Terroristen, aber auch die vieler Soldaten, Polizisten und Zivilisten, die gegen sie gekämpft hatten, seien tagelang einfach liegen gelassen worden. Und bekannte Verbrecherbanden, Juden und Araber gleichermaßen, seien ungestört vorgefahren und hätten die Waffen an sich genommen, und nicht nur diese. Auch Wertgegenstände aus den Häusern der Ermordeten. Sogar das Equipment des DJs auf dem Musikfestival wurde gestohlen.

»Aber wie sind sie denn da reingekommen? Das

war doch alles militärisches Sperrgebiet und abgeriegelt, oder nicht?«

»Von wegen abgeriegelt.« Er lacht. »Es war ein heilloses Chaos. Diese Typen haben sich als Polizeiermittler ausgegeben.«

Auch Kreditkarten von Ermordeten und Entführten seien gestohlen und im Internet verwendet worden, erzählt er noch. »Und von den Diebstählen in den Hotels hast du gehört? Auch bei euch in Tel Aviv wird reihenweise in die Hotelzimmer von Evakuierten eingebrochen und alles geklaut, was nicht niet- und nagelfest ist. Damit du Bescheid weißt, wir haben im Augenblick keine Polizei, die sind mit anderen Dingen beschäftigt.« (Ich muss an noch eine Geschichte denken, die ich gehört habe, über einen jungen Mann, der sich als Überlebender der Gräueltaten ausgegeben hatte. Er wurde im Fernsehen interviewt, erzählte, wie er das Massaker auf dem Nova-Musikfestival überlebt habe, neunundzwanzig seiner Freunde seien dort ums Leben gekommen. Er quartierte sich in der Nähe eines der Hotels ein, in dem die Überlebenden des Massakers untergebracht sind, nahm an ihren Therapietreffen teil und verlangte Hilfe vom Staat – bis sich herausstellte, dass er überhaupt nicht auf der Party gewesen war. In den Medien wurden Forderungen laut, ihn wegen arglistiger Täuschung und

Betrugs vor Gericht zu bringen. Aber vielleicht liegt hier eher ein Fall von Überidentifikation vor?)

Das Gespräch mit A. indes weckt bei mir einen optimistischen Gedanken: Vielleicht solltest du trotz allem wieder Kriminalromane schreiben? Anstatt dich selbst rekrutieren zu lassen, könntest du Avraham Avraham, deinen Ermittler, für den Krieg rekrutieren, könntest ihm die Lösung eines der kleinen Rätsel anvertrauen, die sonst an den Rändern des Kriegsgesamtbilds verloren gehen?

Wie immer, wenn ich eine Idee für einen Kriminalroman habe, rufe ich N. an, eine Kriminalkommissarin, die mich in fachlichen Dingen berät. Ich frage, wie es ihr geht, und will, ohne ihre Antwort abzuwarten, wissen, was Polizeiermittler seit dem 7. Oktober so machen, und sie erwidert, sie könne mir nur erzählen, was sie tut. Erst da höre ich die Trauer in ihrer Stimme und bedauere, sie nicht schon früher angerufen zu haben. »Was denn?«, frage ich.

»Ich identifiziere Leichenteile.« Unzählige Ermittler sind, wie sich herausstellt, für diese Aufgabe abgestellt worden. »Wir untersuchen Leichenteile, die von allen Tatorten bei uns eintreffen, und versuchen, mit DNA-Tests und anderen forensischen Techniken herauszufinden, was zu wem gehört.«

*

Es ist noch lange nicht vorbei. Nach einem Monat Pause hat Benjamin wieder Basketballtraining, im Stadtzentrum von Tel Aviv. Er schwankt, ob er hingehen soll, und ich ermutige ihn. Ein Monat ohne Basketball ist wirklich zu viel, und er muss sich mal austoben, muss fit bleiben. Auch ich arbeite wieder, und es gibt so gut wie keinen Luftalarm mehr. Martha ist der Meinung, das sei ein Fehler, will ihn aber nicht verängstigen – und willigt wohl oder übel ein.

Eine Viertelstunde, nachdem Benjamin aus dem Haus ist – Luftalarm. Martha schaut mich erschrocken und vorwurfsvoll an. Wir hasten in den Schutzraum, versuchen, ihn telefonisch zu erreichen. Er geht nicht ran. Hat ihn der Luftalarm auf der Straße überrascht? An der Bushaltestelle? Weiß er, wo er Deckung suchen soll? Er ist ein introvertierter Junge, der ungern mit Menschen spricht, die er nicht kennt, der es noch immer vorzieht, wenn wir zwischen ihm und der Außenwelt vermitteln. Nach ein paar Minuten ruft er an: Es geht ihm gut, er muss sich beeilen, wir reden dann, wenn er wieder da ist. Im Chor bestürmen wir beide ihn: Du kommst nicht allein nach Hause, wir holen dich mit dem Auto ab.

Um zehn fahren wir los, doch als wir bei dem Basketballfeld ankommen, gibt es erneut Luftalarm. Wir lassen den Wagen mitten auf der Straße stehen, halten nach irgendeiner Deckung Ausschau – und entdecken einen Luftschutzraum direkt neben dem Sportplatz. Als wir eintreten, finden wir Benjamins ganzes Team vor: fünfzehn verschwitzte Jugendliche in gelben Trikots, in ihre Smartphones vertieft. Benjamin sieht uns und bedeutet uns mit einer Kopfbewegung, die alle Eltern pubertierender Kinder kennen: Ich habe euch gesehen, bleibt, wo ihr seid, und blamiert mich nicht.

Als der Luftalarm vorüber ist, verlassen wir den Bunker und steigen ins Auto. Auf dem Nachhauseweg ist er nicht mehr distanziert und verschlossen. Erzählt ausführlich von dem ersten Luftalarm, der ihn im Bus erwischt hat, wie der Fahrer angehalten hat und alle Fahrgäste ausgestiegen sind, gemeinsam auf der Straße Deckung gesucht und sich hinter eine Hauswand gedrängt haben. Einem Mann war beim Rennen das Telefon zu Boden gefallen, und Benjamin hatte es aufgehoben und ihm wiedergegeben. Er ist stolz, ein Lächeln umspielt unter dem Flaum seine Oberlippe. Er hat den Luftalarm ohne uns überstanden, hat sogar anderen helfen können. Er verliert kein Wort darüber, freut sich aber, dass wir gekommen sind, um ihn abzuholen.

*

Wir alle sind »von dort«. Jedes Mal, wenn es mir möglich vorkommt, »wieder zur Normalität überzugehen«, fahre ich zum »Geiselplatz«, um die Bilder der Entführten zu sehen, ihre Familien, die seit mehr als anderthalb Monaten warten. Gali Tarshansky ist noch immer in Gaza.

Auf dem Nachhauseweg beschließe ich, mir ein Eis zu kaufen, Diät hin oder her. Sage mir, ich muss die Wirtschaft ankurbeln, die kleinen Geschäfte unterstützen, die nach zwei Kriegsmonaten und Umsatzflaute vor dem Zusammenbruch stehen – es ist das erste Mal, dass ich mir aus nationalen Motiven ein Eis kaufe.

Vor mir in der Schlange steht eine Mutter um die fünfunddreißig mit ihren beiden Töchtern, die eine geht schon zur Schule, die andere ist vielleicht drei. Die Kleine bestellt als Erste. Der Verkäufer packt einen wahren rosaroten Eisberg in die Waffel und gibt Streusel darüber. Die Ältere dagegen ist unschlüssig. Möchte probieren, ehe sie entscheidet. Sie fragt den Verkäufer: Wie viele Sorten darf ich kosten? Der Eisverkäufer (um die zwanzig, mit Lippen- und Nasenpiercing. Warum ist er nicht bei der Armee?) wirkt schon ein bisschen angestrengt, versucht aber, nett zu bleiben: So viele du möchtest, Süße, sagt er.

Jetzt schwankt das Mädchen, welche Geschmacksrichtungen es probieren soll, und in welcher Reihenfolge. Was soll ich als Erstes probieren, Mama, Mokka oder Banane-Datteln? Ich werde allmählich ungehalten – wie lange soll ich hier noch anstehen und warten? Wie viele Sorten will diese neurotische Kleine denn noch probieren, und warum sagt ihre Mutter ihr nicht, dass hier noch mehr Leute warten, die ein Eis möchten? Und mit einem Mal denke ich: Sie sind »von dort«. Diese Mutter hat mit ihren Töchtern im Schutzraum gesessen und gehört, wie draußen vor dem Fenster geschossen wurde. Haben die drei unter dem Bett gelegen und sich gegenseitig umarmt, als sie den Brandgeruch gerochen haben? Sofort überkommt mich ein Schuldgefühl, dass ich sie gedrängt habe – und sei es nur in Gedanken –, aber der nächste Gedanke ist gleich: Woher weißt du, dass sie »von dort« sind. Und wird das von jetzt an immer so sein, werden wir bei jedem, den wir auf der Straße sehen, denken: Möglich, dass er »von dort kommt«? Wenn man im Israel der Fünfzigerjahre sagte, »er kommt von dort«, war Auschwitz gemeint.

Die Antwort lautet allem Anschein nach – Ja. Ja, wir alle sind im Moment »von dort«. Diese Mädchen – selbst wenn sie nicht aus den Kibbuzim Kfar Aza oder Be'eri stammen – sind Überlebende dieses Krieges. Und sie dürfen ruhig ausgiebig probieren, bevor sie sich für ein Eis entscheiden.

Der Verkäufer allerdings hat weniger Geduld mit ihnen und wendet sich abrupt an mich: Wissen Sie schon, was Sie wollen?

Lotuscreme und Schoko-Kaffee, antworte ich. Eine Riesenportion. Auch ich bin »von dort«, sprich: »von hier«, obwohl ich an jenem Schabbat nicht im Lande war.

TEIL IV

Atempause

(26. 11.–7. 12. 2023)

Die Begegnung. Es geschah in der siebten oder achten Woche des Kriegs. Ich saß in einem Café, um die Uhrzeit, da es normalerweise Luftalarm gibt. Am Nebentisch saß ein junger Mann von fünfundzwanzig oder dreißig Jahren. Er hatte die Kapuze seines Hoodys tief über den Kopf gezogen, versuchte, sich vor meinen Blicken zu verbergen. Auf sein Gesicht konnte ich nur einen kurzen Blick erhaschen, er trug einen Bart, der mehrere Wochen alt sein musste. Auf dem Tisch vor ihm standen zwei leere Coca-Cola-Flaschen. Er kam mir bekannt vor. Obwohl das sonst nicht meine Art ist, ging ich zu ihm. Als ich vor ihm stand und sagte: »Sag mal, bist du nicht …«, hob er einen knochigen Finger, schwarz vor Dreck und mit langem, schmutzstarrendem Nagel am Ende, und drückte ihn sich auf die Lippen, die, wie ich jetzt von Nahem sah, trocken und rissig waren. »Schsch … bin ich nicht«, flüsterte er.

Ich nahm neben ihm Platz, ohne Erlaubnis erhalten zu haben. »Bist du sicher, dass du nicht …?«, beharrte ich. »Weil, ich verfolge die Nachrichten rund um die Uhr und bin mir sicher, ich hab dich da geseh…« Abermals bedeutete er mir panisch, den Finger an den Lippen, ich solle still sein. Und versuchte gleichzeitig, den Blick der Kellnerin zu erhaschen, offenbar, um zu zahlen und zu flüchten. Doch ich hatte nicht die Absicht, ihn einfach so entwischen zu lassen, und machte ihm das deutlich, indem ich unter dem Tisch seinen Kapuzenpulli packte. Er sagte: »Verrat mich nicht, bitte.«

Ich erhörte das Flehen, das ich in seinen Augen sah, mehr als seine ausdrückliche Bitte. »Aber dann erklär mir, wie es sein kann, dass du hier bist«, bat ich. »Ich habe im Fernsehen nämlich nicht gesehen, dass männliche Geiseln schon freigelassen worden wären.« Die Kellnerin kam mit meiner Bestellung auf uns zu und verharrte einen Moment vor dem Tisch, überrascht, vielleicht, weil ich unangekündigt meinen Platz gewechselt hatte. Sie fragte ihn, ob alles in Ordnung sei, ob er noch etwas bestellen wolle, aber er verneinte, und als die Kellnerin weg war, flüsterte er: »Sie haben uns nicht freigelassen. Nur ich bin hier. Aber mach daraus keine große Sache. Ich flehe dich an.«

Auf der Straße schlenderte ein Paar an uns vorüber. Derweilen musterte ich ihn. Nackte und aufgeschürfte Füße. Saubere Kleidung. »Was soll das heißen, nur du bist hier? Ich verstehe nicht. Ist das ein Trick der Armee? Haben sie dich befreit?«

»Das ist kein Trick, und niemand hat mich befreit. Ich konnte dort einfach nicht länger sein. Bin erstickt. Ich musste für ein paar Stunden da raus, um Luft zu schnappen und mich zu erinnern. Also bin ich raus. Hast du vielleicht eine Zigarette für mich?«

Ich reichte ihm eine Zigarette und löcherte ihn mit Fragen, als wäre ich ein Ermittler beim SHABAK oder ein Armeereporter. Aber wie genau bist du geflohen, wollte ich wissen, da die schmale Flamme eines silbernen Feuerzeugs, das er aus seiner Hosentasche gezogen hatte, sein hageres Gesicht beschien, und wann bist du entkommen, wo haben sie dich festgehalten, und unter welchen Bedingungen, und wer waren deine Bewacher? Hast du ihre Gesichter gesehen, was haben sie zu dir gesagt? Er stieß den Rauch der Zigarette aus. Fragte dann: »Können wir über etwas anderes reden? Ich habe hier nur ein paar Stunden und will nicht an dem Ort sein, von dem ich geflohen bin. Deswegen bin ich ja geflüchtet, verstehst du?«

Noch verstand ich nichts.

»Worüber kannst du denn reden?«, fragte ich, und er antwortete: »Man kann auch schweigen. Das ist gut genug.«

»Ist das alles, was du gemacht hast, seit du geflüchtet bist? Hier sitzen?«

»Nicht nur«, sagte er. »Zuerst bin ich am Meer langgeschlendert, das Stück vom Frishman- und vom Bograshov-Strand, das ich in Erinnerung hatte. Um den Sonnenuntergang zu sehen. Ich bin ein Herbstmensch, und der Gedanke, ich könnte seinen Beginn verpassen in dieser Höhle, in der wir gefangen sind, hat mich verrückt gemacht. Dass es keine Herbste mehr geben könnte. Nichts macht mir mehr Freude als Regen, also habe ich gehofft, es wird welchen geben, aber es fiel keiner. Danach bin ich was essen gegangen, in einem Falafelladen, der ›HaKosem‹ heißt, weil ich ein paar Tage vor dem Krieg mit Freunden dort gegessen und es sehr genossen habe. Kennst du den?«

»Und deine Familie?«

»Ich habe sie gesehen. Von Weitem. Ich bin zum ›Geiselplatz‹ gegangen, hatte aber Angst, sie würden mich erkennen. Ich bin auf der anderen Seite des Platzes geblieben und habe meinen Bruder und meine Schwester mit einem Bild von mir da stehen sehen. Und meine Mutter, die neben ihnen auf einem Plastikstuhl saß und Psalmen las. Näher konnte ich ihnen nicht kommen.«

»Warum nicht?«

»Das ist zu schwer. Sie hätten mich nicht zurückgehen lassen, und auch ich hätte sie nicht verlassen können.«

»Was soll das heißen, sie verlassen? Hast du etwa vor, wieder dorthin zurückzukehren?!«

»Ja.« Er seufzte.

»Warum denn?!«

»Weil ich nicht allein bin dort. Es sind noch andere Leute mit mir dort, und einige von ihnen brauchen meine Hilfe. Ich rede mit ihnen und beruhige sie. Verspreche ihnen, dass wir dort lebend rauskommen. Ich erzähle ihnen, was wir machen werden, wenn wir wieder zu Hause sind, und bis dahin unterweise ich sie, wie man durch die Erinnerungsstollen fliehen kann. Ich kann sie dort nicht alleinlassen.«

»Aber das ist Irrsinn, es gibt ja noch mehr … Und die Armee kann …«, stammelte ich, aber er streckte die Hand aus und legte sie auf meine, auf dem Tisch. »Ich muss zurück. Dort ist mein Platz, bei ihnen, noch. Bis wir alle zurückkehren. Und ich flehe dich an, erzähl niemandem, dass ich hier war und du mich gesehen hast. Ich bin in Lebensgefahr, wenn sie erfahren, dass ich raus war, und auch meine Geschwister würden daran zerbrechen, wenn sie hören, dass ich hier zu Besuch war und sie nur von Weitem angeschaut habe. In Ordnung? Und gibst du mir noch eine Zigarette für den Weg?«

Ich betrachte mich nicht als besonders geistesgegenwärtigen Menschen und habe auch keine allzu schnelle Auffassungsgabe. Insgeheim weiß ich: Hätte ich mich oder meine Familie an jenem Schabbat verteidigen müssen, hätte ich versagt. Aber in jenem Augenblick wusste ich, was ich zu tun hatte. »Warte einen Moment«, sagte ich zu ihm. »Ich kaufe dir schnell am Kiosk gegenüber ein, zwei Schachteln Zigaretten, damit du welche dorthin mitnehmen kannst. Welche Marke rauchst du?« Er ließ mich nicht aus den Augen, als ich aufstand und über die Straße rannte. Als ich tief genug in dem Kiosk stand und seinem Blick entzogen war, rief ich die Polizei an. »Ich habe in einem Café in Tel Aviv einen der Entführten gesehen«, sagte ich zu der Beamtin in der Notrufzentrale, bemüht, wieder zu Atem zu kommen.

»Wen?«

»Einen der Entführten. Er ist von dort geflohen, hat aber vor, wieder zurückzukehren. Sie müssen mir helfen, ihn aufzuhalten.«

»Wo ist er jetzt?«

Ich gab ihr die Adresse des Cafés.

Als ich die Straße wieder im Laufschritt überquert hatte, war er natürlich nicht mehr da. Er war auch nirgendwo sonst auf der Straße zu sehen, und die Kellnerin konnte oder wollte mir vielleicht keine

Antwort geben, als ich sie anschrie und fragte, ob sie gesehen habe, wohin er verschwunden sei. Sie hatte bereits seine leeren Flaschen abgeräumt, und auf dem Tisch stand nur noch meine Kaffeetasse.

Es dauerte, bis der Streifenwagen bei dem Café eintraf. Eine halbe Stunde war vielleicht vergangen. An der langen Wand draußen, die mit den Fotos der Entführten beklebt war, zeigte ich den beiden Polizeibeamten, die aus dem Streifenwagen stiegen, sein Bild. Er war der Vierte von rechts, in der dritten Reihe. Einen Bart hatte er auf dem Foto noch nicht. Sein Gesicht wirkte erleuchtet, wie ich es für einen Moment gesehen hatte, im Schein der kleinen Flamme aus seinem Feuerzeug.

»Hier, in diesem Café, haben Sie ihn gesehen, und er hat Ihnen gesagt, er würde zurück nach Gaza gehen?«, fragte die Polizistin, und ich sagte, genau so sei es gewesen und dass wir ihn vielleicht noch daran hindern könnten, die Grenze zu überqueren. »Es ist bestimmt noch nicht zu spät. Vor zehn Minuten war er hier, höchstens«, log ich.

»Warum genau wollte er zurück, hat er Ihnen das gesagt?«

»Weil er dort bei den anderen sein muss. Ihnen helfen muss, am Leben zu bleiben.«

Ihr Kollege, der ein langes M-16-Sturmgewehr geschultert hatte, wirkte ungeduldig, ja mir schien sogar, genervt von mir. Oder verächtlich. »Das ist schon der vierte Durchgeknallte, der meint, heute einen von ihnen gesehen zu haben«, sagte er. »Als hätten wir nichts anderes zu tun in Kriegszeiten. Meinst du, jemand läuft durch die Stadt und gibt sich als Entführungsopfer aus? Wenn ja, müssen wir dem einen Riegel vorschieben. Sollen wir ihn festnehmen?« Die Polizistin schüttelte den Kopf. Ihre Vermutung war eine andere. »Wieso denn, bist du verrückt geworden?« Dann wandte sie sich an mich und fuhr mit sanfter Stimme fort: »Mein Herr, mir scheint, Sie leiden unter einer posttraumatischen Belastungsstörung. Sie sollten sich in Behandlung begeben. Außerdem wäre es ohnehin besser, wenn Sie um diese Uhrzeit zu Hause blieben. Es kann jederzeit Luftalarm geben, und das ist gefährlich.«

Womöglich hätte ich ihr geglaubt, hätte ich nicht auf dem Nachhauseweg, als ich mir eine Zigarette anzünden wollte und in der Innentasche meiner dünnen Jacke wühlte, sein Feuerzeug entdeckt, das ich aus Versehen eingesteckt hatte.

*

Rückkehr. Anfang Dezember, am Beginn einer Woche, klopfe ich an die Tür, von der ich dachte, ich würde sie nie wiedersehen. R. lächelt mich an, keineswegs überrascht, und ich folge ihr in den kleinen Raum. Sie trägt einen eleganten Anzug und um den Hals einen gelben Schal aus weicher Wolle. Hat vielleicht auch die rötliche Tönung ihrer Haare aufgefrischt. Sie wirkt erholt, als habe auch sie die Feuerpause, die vor wenigen Tagen verkündet wurde, genutzt, um wieder zu Kräften zu kommen.

Alle wirken ein bisschen munterer, seit die ersten Kinder und Frauen aus der Gefangenschaft in Gaza nach Hause zurückgekehrt sind, ja die ganze Stadt scheint zu sich zurückzufinden, obgleich die Bilder der heimkehrenden Entführungsopfer auch den Samen der Trauer in sich tragen: Bei ihrer Rückkehr erfahren sie, dass ihre Angehörigen ermordet, ihre Häuser zerstört wurden. (Auch Gali kehrt zurück. Im Fernsehen ist zu sehen, wie sie auf ihre Mutter zuläuft und ihr um den Hals fällt. Ist das, nachdem oder bevor sie erfahren hat, dass ihr Bruder ermordet wurde?)

Auch die Angriffe der Luftwaffe auf Gaza sind ausgesetzt, und die Bewohner kehren zurück in das, was von ihren Vierteln übrig ist, um zu schauen, ob ihre Häuser noch stehen. Sie nutzen die Gefechtspause, um sich mit Wasser, Nahrungsmitteln, warmer Kleidung und Decken zu versorgen, für die Kriegstage, die aller Voraussicht nach in diesem Winter noch folgen werden.

In Tel Aviv dagegen sind die Cafés voller Soldaten, die ihre Uniform abgelegt haben (jedoch als solche zu erkennen sind, weil sie ihre Waffe stets bei sich tragen), die Läden sind mehr als gut besucht, und auf den Straßen herrscht ein Gedränge wie vor den Feiertagen. Am Freitag fahre ich los, um in unserer Lieblingskonditorei einen Schokoladenkuchen zu kaufen, aber als ich dort eintreffe, sind sämtliche Kuchen und Torten ausverkauft. Auch ein freier Tisch in einem Café ist nicht aufzutreiben.

Die Lebensfreude der jungen Frauen und Männer, die die Hände nicht voneinander lassen können, nachdem sie sich wochenlang nicht gesehen haben, erfüllt mich mit Glück – und Traurigkeit. Ich muss an die letzten Seiten von Stefan Zweigs Buch denken, das ich nun zu Ende gehört habe, an seine Liebe für die Kaffeehäuser in den europäischen Metropolen, für das Leben, das er verloren hat. In meinem Ideenheft halte ich einen Gedanken für einen Artikel fest, der nie geschrieben werden wird: *Zweimal im Verlauf des 20. Jahrhunderts haben die Juden den Versuch unternommen, zu leben wie alle Völker, das erste Mal, als sie versuchten, sich in Europa zu integrieren, und das zweite Mal, als sie ihren eigenen Staat errichteten. Der erste Versuch endete mit der Schoah. Ist auch der zweite Versuch zum Scheitern verurteilt? Falls ja – diesmal werden wir nicht umhinkommen, auch uns selbst daran die Schuld zu geben. Denn haben wir tatsächlich alles versucht?*

Die mit einem blauen Laken überzogene Couch wartet auf mich, aber ich lasse mich in den Sessel sinken. Teile R. mit: Ich fange nicht wieder mit der Analyse an. Sie lächelt. »Das ist deine Entscheidung. Aber wie geht es dir denn? Wie sind diese Wochen für dich gewesen?«

Ich erzähle ihr, ich hätte eine Geschichte geschrieben über eine fiktive Begegnung mit einem der Entführten und dass ich noch unschlüssig sei, ob ich sie veröffentlichen soll. »Siehst du?«, sagt sie. »Und du hattest gedacht, Schreiben sei nun unmöglich.« Ich habe mich geirrt. Der Geschmack der Literatur ist jetzt stärker denn je. Die Literatur rettet dir das Leben. (Wieso übertreibst du immer, wenn du mit R. redest? Oder vielmehr, wieso sagst du nur ihr, was du empfindest, ohne dich zu schämen, selbst wenn es maßlos übertrieben klingt?)

R. fragt nicht, warum ich hergekommen bin, aber ich spüre die Notwendigkeit, es ihr zu erklären. »Ich wollte dir etwas erzählen, worüber ich noch nie gesprochen habe. Über meinen Wehrdienst in der Armee. Es ist nicht allzu wichtig, aber ich denke viel daran in den letzten Tagen, vor allem, seit die ersten Entführungsopfer zurückgekommen sind.« R. hört mir zu.

Ich wurde im August 1993 gemustert. Hatte Angst vor der Einberufung, aber weil es keine andere Wahl gab, vor allem aber, weil mir nie in den Sinn gekommen wäre, gegen den Strom zu schwimmen und mich vom Wehrdienst befreien zu lassen, wurde ich eingezogen. Ich bat darum, bei der Militärpolizei dienen zu dürfen, vielleicht, weil ich schon damals Interesse an Polizeiarbeit hatte, oder weil ich dachte, es wäre ganz nett, als Verkehrspolizist auf einem Motorrad zu sitzen – ich weiß es nicht mehr. Sicher aber vor allem, weil die Grundausbildung für Militärpolizisten nicht besonders lang ist, gerade mal acht Wochen.

Nach einem Monat, wir konnten mittlerweile mit Mühe und Not eine Waffe richtig halten, wurden die Osloer Verträge unterzeichnet. Was eine Riesenüberraschung war, du erinnerst dich sicher an jene Tage im September 1993, ein seltener Moment der Hoffnung in der Geschichte des Konflikts, über den ich damals noch nicht viel wusste. Aber es gab etliche, die gegen das Abkommen waren. Sowohl in Israel – jene rechten Kreise, aus denen zwei Jahre später der Mörder Rabins kommen sollte –

als auch bei den Palästinensern – dort vor allem die Anhänger der Hamas. Sie waren gegen das Abkommen, das, langfristig, in einer Aufteilung des Landes zwischen den beiden Völkern münden sollte. In den Gefängnissen, in denen Hamas-Häftlinge einsaßen, brachen Unruhen aus, und wir wurden losgeschickt, die Wachmannschaft in einem davon zu verstärken, im Megiddo-Gefängnis. (»Du weißt, dass Megiddo für Armageddon steht, oder?«)

Wir waren nur etwa eine Woche in Megiddo – und das meiste davon habe ich aus meiner Erinnerung gelöscht. Tatsache, ich habe hier nie darüber gesprochen. Aber vor ein paar Tagen ist es mir wieder eingefallen. Was? Nicht viel. Ich weiß noch, die Häftlinge, die wir bewachten, waren zum Teil in fortgeschrittenem Alter, andere dagegen fast noch Jugendliche, in unserem Alter oder noch jünger. Sie schliefen in großen Zelten, hinter einem Doppelzaun. Zwischen den Zäunen verlief ein Graben, in dem wahre Höllenhunde patrouillierten, bei uns kursierten Gerüchte, sie seien tollwütig und vorsätzlich ausgehungert. Ich weiß nicht, ob das stimmt. Ich erinnere mich auch nicht mehr, was wir dort gemacht haben, nur dass wir ein paarmal in diesen umzäunten Bereich mussten, mit Gasmaske, schusssicherer Weste und entsicherter Waffe, vielleicht, um den Häftlingen Essen zu bringen. Ich sah ihre Gesichter, aber sie meines nicht, wegen der Schutzmaske. Und ich weiß noch, dass wir sie, mit geladenem Sturmgewehr, während der Familienbesuche beobachteten. Wenn ihre Mütter, Frauen und Kinder kamen. Einige Tage nach dieser Woche in Megiddo beschloss ich: Ich muss mich vom Militärdienst befreien lassen. Nicht aus irgendeiner Ideologie heraus, und mir ist wichtig, dir das zu sagen. Ich habe damals überhaupt nicht daran gedacht, dass eine Verbindung bestehen könnte zwischen dem, was ich in Megiddo gesehen hatte, und dem dringenden Wunsch, aus der Armee entlassen zu werden. Ich bin einfach geflohen, wie ein Mensch, der ums Überleben kämpft – und schämte mich meiner selbst.

R. schaut mich an, und ich meine, in ihrem Blick Sympathie und Bedauern zu lesen. Sie ist überrascht, dass wir nicht schon eher darüber gesprochen haben. Du hast auch noch nie etwas in der Richtung geschrieben, sagt sie, und ich antworte: Stimmt. Vielleicht werde ich jetzt etwas schreiben, auch wenn ich noch nicht weiß, was. Und auch nicht, warum das wichtig sein soll. Schließlich ist es ja nur ein winziges, bedeutungsloses Detail in dem Gesamtbild der Katastrophe, entstanden in einem kurzen Moment, als ein Funken der Hoffnung aufflackerte, der seither tausendmal erloschen ist.

Aber vielleicht werde ich trotz allem über diesen Funken schreiben, du hast recht, fahre ich fort – obwohl sie kein Wort gesagt hat.

*

Geschenke der Feuerpause. Auch in der *Ilias* findet sich eine Feuerpause. Die Götter gebieten gegen Abend dem Kampf zwischen Aias, dem Telamonier, und Hektor Einhalt, und in der Zeit der Gefechtsruhe machen Griechen und Trojaner einander Geschenke, damit beide sich entsinnen, dass trotz aller Feindschaft auch Vertrautheit und Freundschaft zwischen ihnen herrschen: »Dass man sage hinfort bei Troern und bei Achaiern: Seht, sie kämpften den Kampf der geistverzehrenden Zwietracht, und dann schieden sie beid' in Freundschaft wieder versöhnet.« Hektor macht Aias ein Schwert zum Geschenk, »voll silberner Buckeln«, und Aias schenkt Hektor einen Leibgurt, »schimmernd von Purpur«. (Haben die beiden diese Versöhnungsgeschenke auch im weiteren Verlauf der Kämpfe benutzt?)

Dank der Waffenruhe geht Hektor nach Hause, um seine Frau Andromache und seinen kleinen Sohn zu sehen. Bei der Begegnung kommt es zu einem wundervollen Moment: Hektor nähert sich, den Streithelm noch auf dem Haupt, seinem Sohn, und da erschrickt der Kleine und weicht vor ihm zurück. Erst als der Krieger den Helm absetzt und sein Gesicht zeigt, lässt sich das Kind von ihm küssen:

»Nach dem Knäblein streckt' er die Arme; aber zurück an den Busen der schöngegürteten Amme schmiegte sich schreiend das Kind, erschreckt von dem liebenden Vater, scheuend des Erzes Glanz, und die flatternde Mähne des Busches, welchen es fürchterlich sah von des Helmes Spitze herabwehen. Lächelnd schaute der Vater das Kind, und die zärtliche Mutter. Schleunig nahm vom Haupte den Helm der strahlende Hektor, legete dann auf die Erde den schimmernden; aber er selber küsste sein liebes Kind, und wiegt' es sanft in den Armen.«

*

HaTikwa. Dank der Feuerpause kann ich wieder in mein Büro, das sich in einem alten Gebäude ohne Schutzraum oder Luftschutzkeller im Süden der Stadt befindet. Seit Ausbruch des Kriegs bin ich nicht mehr hier gewesen. Zum ersten Mal seit langer Zeit ist es ganz ruhig im Büro, auch als ich die Fenster weit öffne, um durchzulüften.

Seit 2011 komme ich fast jeden Morgen her. Hier habe ich alle meine Romane geschrieben. Selbst als während der Corona-Pandemie Lockdown herrschte, bin ich mit dem Motorrad vor Sonnenaufgang hergefahren, um den morgendlichen Straßensperren der Polizei zu entgehen. Der Raum, in dem ich schreibe, ist schlicht, schmucklos und ohne irgendetwas, das die Inspiration wecken könnte, aber dafür ist seine Lage außergewöhnlich: Das Büro grenzt von hinten an das alte Museumsgebäude, in dem David Ben-Gurion am 14. Mai 1948 die Unabhängigkeit des Staates Israel ausrief. Viele Jahre lang fanden in dem Museum Führungen für Schulklassen oder für jüdische Touristengruppen statt, und ungefähr jede halbe Stunde wurde die Nationalhymne gespielt. Zwanzig-, dreißigmal am Tag – *HaTikwa*. Natürlich bin ich nicht jedes Mal aufgestanden. Der rückwärtige Teil des Gebäudes, den ich aus meinem Bürofenster sah, war immer heruntergekommen und unansehnlich. Über die ganze Breite der rußgeschwärzten Hauswand wucherte zwischen betagten, vor sich hin rostenden Klimaanlagen ein Gewirr aus Plastikschläuchen, wie die Infusions- oder Beatmungsschläuche eines Patienten auf der Intensivstation. Bei Gesprächen über meine Bücher machte ich diese Aussicht zur Metapher, sagte, ich betrachte Israel von seinem Hinterhof aus.

Vor einigen Jahren wurde entschieden, das historische Gebäude zu restaurieren. Es wurde entkernt, die Innenwände abgerissen und die Fundamente freigelegt. Übrig blieb nur das Gerippe eines Gebäudes. Eine Ruine. Die meisten der Arbeiter waren Palästinenser. Ihre lautstarken Gespräche, der Lärm der Bohrhämmer und das Kreischen der Trennschneider in ein oder zwei Metern Entfernung von meinem Fenster erschwerten mir das Schreiben derart, dass ich schon drauf und dran war, den geliebten Raum aufzugeben und mir ein anderes Büro zu suchen.

Aber dann, noch vor Ausbruch des Kriegs, kamen die Arbeiten zum Erliegen. Es hieß, es gebe Probleme mit der Finanzierung. Der Staat habe kein Geld mehr für die aufwändige Restaurierung – oder vielleicht auch das Interesse an dem historisch bedeutsamen Gebäude verloren. Und jetzt, da die palästinensischen Bauarbeiter nicht mehr nach Israel hineindürfen, scheint eine Wiederaufnahme der Arbeiten auf unabsehbare Zeit unmöglich. Das Gebäude steht öd und verwaist da, zerfällt. Tauben nisten darin, der Boden der verwüsteten Innensäle ist von Schutt und Metallteilen übersät. Doch es herrscht Stille, und man kann wieder schreiben. (Auch wenn gleich nebenan weiterhin eine internationale Hotelkette ihren Neubau zu monströser Höhe hochzieht.)

Als ich den Computer hochfahre, sehe ich, es hat an der Einfahrt nach Jerusalem ein Attentat gegeben. Zwei Palästinenser aus Ostjerusalem, Unterstützer der Hamas, haben an einer Bushaltestelle um sich geschossen. Ich rufe Martha an, die am Morgen mit öffentlichen Verkehrsmitteln zur Arbeit nach Jerusalem gefahren ist, doch sie antwortet nicht. So also sieht ein Morgen während der »Feuerpause« aus. Einige Minuten später ruft sie an, beruhigt mich. Ich bin dort in der Nähe vorbeigekommen, aber eine halbe Stunde nach dem Anschlag, sagt sie. Es ist alles in Ordnung, Liebster, du kannst wieder an die Arbeit gehen.

Doch da ich ohnehin schon abgelenkt bin, lese ich weitere Meldungen über das Attentat. Schaue mir Videoaufnahmen an, die am Anschlagsort entstanden sind. Auf einer sieht man einen Israeli – später erfahre ich, sein Name ist Juval Kastelman –, der zum Zeitpunkt des Attentats in seinem Wagen, auf dem Weg in die Stadt, die Bushaltestelle passierte. Vielleicht dachte er in dem Augenblick, genau wie ich, der Krieg sei bald vorüber. Und dass er ihn überlebt hatte? Doch dann plötzlich hörte er Schüsse. Begriff sofort, dass er sich am Ort eines Anschlags befand. Er sprang aus dem Wagen, zog seine Pistole, lief über die Straße und schoss auf die Terroristen, um die Menschen zu retten, die sich an der Bushaltestelle aufhielten. Doch ein Soldat nahm irrtümlicherweise an, Juval sei einer der Terroristen, und richtete seine Waffe auf ihn. In dem Video sieht man, wie Juval auf die Knie geht, seine Pistole vor sich auf den Asphalt wirft, die Hände hebt zum Zeichen der Aufgabe und seinen Personalausweis zieht, damit der Soldat begreift, er ist israelischer Staatsbürger … – und dann erschossen wird. (Ein Unfall, heißt es hinterher. Ein bedauerlicher, tragischer Unfall. Und Premierminister Netanjahu sagt auf einer Pressekonferenz: »So ist das Leben.« Noch ein kleines, zu vernachlässigendes Detail in dem großen Kriegspanorama.)

Über Juval Kastelman musst du schreiben, sage ich mir. Nichts erfinden, dir nichts ausdenken – nur genau hinschauen und das Bild beschreiben, so wie du es siehst, das Bild des Mordens aller gegen alle, das Bild des Feuerinfernos, das wahllos Leben verschlingt und verzehrt. Das Bild eines Ortes, der sich das Leben nimmt.

Und mit einem Mal verstört mich der Blick aus meinem Fenster. Die Ruine, die mal das Museum der Unabhängigkeit war. Genau so habe ich in meiner Fantasie Tel Aviv gesehen, zu Beginn des Krieges, der gerade unterbrochen ist.

Und am nächsten Tag wieder beginnt.

TEIL V

Flucht und Fantasien

(8. 12. 2023–31. 1. 2024)

Beisetzung. Marthas Großmutter Janina Marczynska ist Anfang Dezember im Haus von Marthas Eltern in England gestorben, im Alter von 101 Jahren, nachdem sich ihr Zustand seit dem frühen Herbst immer mehr verschlechtert hatte.

Wir sind unschlüssig, in welcher Konstellation wir zur Trauerfeier, die in Coventry stattfinden soll, und danach zur Beisetzung in Warschau fahren sollen. Natürlich wird Martha fahren, aber können auch die Kinder und ich reisen, jetzt, mitten im Krieg? (Wie ist es möglich, dass ich in diesem Tagebuch bis jetzt nicht ein Wort über diesen langsamen Abschied geschrieben habe, der Martha mit Trauer erfüllte? Wochenlang war sie von allen Seiten vom Tod umgeben, nicht nur wegen des Kriegs, auch wegen ihrer Arbeit bei Yad Vashem und der Bilder ihrer sterbenden Großmutter Janina, die ihre Eltern ihr aus England schickten.)

Als wir uns kennenlernten, wohnte Martha mit Janina zusammen in Warschau. Als ich sie zum ersten Mal dort besuchte, im Sommer 2006, war ich bei ihnen zu Gast. Janina empfing mich ohne jegliche Vorbehalte. Dass ich Jude war und in Israel lebte, störte sie nicht. Obwohl sie kein Englisch sprach, hatten wir gleich einen direkten Draht, der auf gegenseitiger Sympathie und dem Wunsch beruhte, einander zu verstehen. Wenn sie mit mir sprach, verstand ich Polnisch – und antwortete oft auf Hebräisch.

Auch unsere gemeinsame Liebe fürs Essen und insbesondere für Süßigkeiten brachte uns einander näher. Bei jenem ersten Besuch in Warschau gingen Martha und ich jeden Morgen in den kleinen Laden um die Ecke, kauften frische Brötchen, Gemüse, Würstchen und Mohnkuchen und bereiteten ein großes Frühstück zu, das wir dann mit Janina zelebrierten. Als sie mitbekam, dass ich süchtig nach Schokolade bin, rief sie mich flüsternd in ihr Zimmer. Sie schloss die Tür und steckte mir eine Pralinenschachtel in die Jackentasche, aus ihrem geheimen Schokoladenversteck. (War das eine Angewohnheit, die aus den Jahren unter kommunistischer Herrschaft stammte, oder hatte sie vielleicht schon eher damit begonnen, als junges Mädchen während des Zweiten Weltkriegs? Martha hatte über Jahre versucht herauszufinden, was Janina gesehen oder gewusst hatte vom Verschwinden Hunderttausender Juden aus Warschau und deren Vernichtung in den Lagern – aber Janina hatte immer nur gesagt, sie seien irgendwann einfach nicht mehr da gewesen. »Es gab Gerüchte, sie seien nach Amerika gefahren.«)

Wir zögern den Kauf der Flugtickets bis zum letzten Augenblick hinaus, in der Hoffnung, es könnte eine weitere Feuerpause geben oder vielleicht sogar eine vollkommene Einstellung aller Kampfhandlungen, worauf dann die ausländischen Fluggesellschaften Israel wieder anfliegen und die Ticketpreise sinken würden. Doch je mehr Zeit vergeht, scheint das Kriegsende in immer weitere Ferne zu rücken.

Nach der Rückkehr der Kinder und eines Teils der Frauen aus der Geiselhaft und der Wiederaufnahme der Kämpfe in Gaza verbreiten die israelischen Fernsehsender Euphorie und die Erwartung eines nahenden Sieges. Die israelische Armee ist auf dem Vormarsch Richtung Süden, zum Flüchtlingslager Khan Yunis, und die Lage der Palästinenser wird immer verzweifelter. Ich lese auf der Homepage von *Al Jazeera*, die Zahl der Todesopfer in Gaza habe die 20 000 überschritten, ein Prozent also der Gesamtbevölkerung des Gazastreifens, eine Zahl, die mich zu Beginn des Kriegs schockiert hatte, als mein Bruder Ariel einen Krieg auch mit dem Libanon prophezeite. Die Überschriften der Nachrichtenseiten versprechen, »ein Zusammenbruch der Hamas ist näher denn je«. Die Bilder, die jetzt pausenlos ausgestrahlt werden – ein weiteres »Siegesbild« –, zeigen palästinensische Männer, bis auf die Unterhosen nackt, die sich unseren Soldaten ergeben. Die allermeisten von ihnen sind allem Anschein nach keine Terroristen, sie tragen keine Waffen und sind zum Teil in meinem Alter oder noch älter. Männer mittleren Alters stehen in Unterhose dicht gedrängt auf einer Straße, einige von ihnen mit erhobenen Händen, und zeigen Ausweispapiere. Ihnen gegenüber stehen keine Soldaten, sondern zwei Panzer. Auf einem der Videos schreien die Männer, sie hätte kein Essen und kein Wasser für ihre Kinder. Die Meldungen über den Hunger in Gaza mehren sich. Die Preise für Grundnahrungsmittel – Mehl, Zucker, Thunfischkonserven – schießen in die Höhe und sind für viele längst unerschwinglich.

(14.12. – der Morgen unserer Abreise: verregnet, dunkel, die Straßen leer, beinahe wie zu Kriegsbeginn, auch wegen des plötzlichen Wetterumschwungs. Seit Anfang des Winters hat es so gut wie nicht geregnet. Vor wenigen Stunden kam die Meldung, acht Soldaten seien in Gaza-Stadt bei der Explosion eines Sprengsatzes in einem Hinterhalt im Viertel Schujaija getötet worden. Die allgemeine Euphorie in den Nachrichtenstudios und die Freude über die Bilder von kapitulierenden, fast nackten Männern ist auf einen Schlag verflogen. Liegt es auch an der Erkenntnis, dass die Siegesversprechen aus der Luft gegriffen sind? Oder ist es nur die Trauer über den Tod von acht jungen Männern, die keine Gelegenheit mehr haben werden, alt zu werden? Ein Eindruck vom leeren Flughafen: der lange Gang von der Passkontrolle hinab zum Duty-free-Bereich und den Abflugterminals ist gesäumt von Großaufnahmen der Geiseln, die sich noch immer in Gaza befinden, damit diejenigen, die Israel verlassen, sie nicht vergessen. *(Entschuldigst du dich auch ihretwegen, als du Freunden von der bevorstehenden Reise erzählst und erklärst, Martha sei Janinas einzige Enkelin, und sie beide hätten ein sehr enges Verhältnis gehabt, beinahe wie Mutter und Tochter?)*

Nuancen des Todes. Wir landen nachts in Heathrow und sind am nächsten Morgen bei der Trauerfeier für Janina in einer Kirche in Coventry. Als Martha vom Leben ihrer Großmutter erzählt und Abschied von ihr nimmt, weinen alle in der Kirche, einschließlich ihres Vaters, der offenbar noch nie zuvor geweint hat, und der beiden Geistlichen, einem polnischen und einem englischen. Martha spricht polnisch, aber ich weiß, was sie sagt, weil sie vor der Abreise ihren Nachruf für mich übersetzt und ihn in meinem Beisein auch geübt hat. Meine Lieblingsstelle ist die, in der sie das Spiel schildert, das sie als kleines Mädchen oft gespielt hatte: Sie war der Priester, der Janina für ihre vielen Sünden die Leviten liest.

Am Abend kehren wir ins Haus von Marthas Eltern zurück, nachdem Janinas Leichnam eingeäschert worden ist. Martha hat hemmungslos geweint, als sich der purpurfarbene Vorhang hinter dem Sarg schloss und er zum Krematoriumsofen glitt, zu den Klängen von *The Departure* des Komponisten Max Richter, ein Stück, das wir beide in jenem Herbst zum ersten Mal hörten, als wir uns kennenlernten und nicht nur der räumlichen Distanz wegen dachten, es gäbe keine gemeinsame Zukunft für uns. Ich schalte mein Smartphone an und checke, zum ersten Mal seit unserem Abflug aus Israel, die Nachrichten. (Eigentlich hatte ich an diesem Tag nicht an den Krieg denken wollen, aber als wir im Konvoi langsam durch die Straßen von Coventry gerollt sind, musste ich an die Nacht des »Blitz« denken, im November 1940. Die deutsche Luftwaffe ließ 500-Kilo-Bomben auf die Stadt niedergehen, tötete mehr als fünfhundert Menschen und zerstörte Tausende von Gebäuden, darunter auch die mittelalterliche St Michael's Cathedral.) Als ich auf allen Nachrichtenseiten eine identische Eilmeldung sehe – »In Kürze: *Spektakuläre* Bekanntmachung des Armeesprechers« –, rufe ich Martha und Sarah, und wir scharen uns im Esszimmer um mein Telefon. Ich teile ihnen voller Selbstgewissheit mit, der Hamas-Führer Yahya Sinwar sei gefasst. Sarah ist skeptisch. Vielleicht ist er nicht gefasst worden, vielleicht hat ihn die Armee liquidiert, meint sie aufgeregt. So oder so, wir haben keinen Zweifel, dass die *spektakuläre* Bekanntmachung mit Sinwar zu tun haben muss und einen wichtigen Schritt hin zur Beendigung des Kriegs darstellt.

Doch als sich ein einziges Wort in der Schlagzeile auf dem Bildschirm ändert – »In Kürze: *Besondere* Bekanntmachung des Armeesprechers« – ist mir sofort klar, Sinwar wurde nicht gefasst. Sarah fragt, woher ich das weiß, und ich versuche, ihr den feinen Unterschied zwischen einer »spektakulären Bekanntmachung« und einer »besonderen Bekanntmachung« zu erklären. Nach mehr als vierzig Jahren des Hörens und Lesens von Kriegsmeldungen kennt man eben die Nuancen der Sprache des Unglücks. Eine »besondere Bekanntmachung« birgt, im Unterschied zu einer »spektakulären«, immer eine unheilvolle Nachricht. Aber selbst ich hätte mir nicht ausmalen können, wie unheilvoll sie diesmal ist. Kurz darauf teilt der Sprecher der israelischen Armee mit, drei Geiseln, junge Männer, die am 7. Oktober von der Hamas nach Gaza entführt und mehr als zwei Monate dort gefangen waren, sei es aus eigener Kraft gelungen, ihren Entführern zu entkommen. Die drei hätten sich über vierundzwanzig Stunden im zerstörten Gaza-Stadt versteckt und auf die Mauern von Hausruinen die Buchstaben SOS und ihre Namen geschrieben, auf Hebräisch, in der Hoffnung, israelische Soldaten würden das sehen. Sie hätten schließlich ihre Kleidung ausgezogen, damit die Soldaten nicht irrtümlich annahmen, sie trügen darunter Sprengladungen am Körper, ja sie hätten sogar mit weißen Tuchfetzen gewinkt, um zu signalisieren, dass sie keine Terroristen waren. Dennoch hatten israelische Soldaten das Feuer auf sie eröffnet und sie getötet. Zwei der Geiseln – Alon Shamriz und Samer Talalka – waren auf der Stelle tot. Jotam Chaim, der Dritte, wurde angeschossen, floh und suchte Deckung in den Trümmern eines zerstörten Hauses. Nur um alsdann von den Soldaten überredet zu werden herauszukommen – und erneut unter Beschuss genommen zu werden, diesmal mit tödlichem Ausgang. *(Wochen zuvor hast du ja eine Geschichte über einen fiktiven Verschleppten geschrieben, dem es gelingt, seinen Entführern durch »Erinnerungstunnel« zu entkommen. Aber kannst du dir vorstellen, was diese drei erlebt haben, denen die Flucht tatsächlich gelang? Hatten sie Glücksmomente, als ihnen bewusst wurde, dass sie frei waren, oder bloß Angst, wieder gefasst zu werden? Und kannst du dir auch ihre Ergriffenheit, ihre Euphorie vorstellen, als sie von Weitem israelische Soldaten sahen, Sekunden, ehe die sie erschossen?)*

Meine Seele sterbe mit den Philistern. Homers schwere *Ilias*-Ausgabe habe ich nicht mit auf die Reise genommen, also lese ich früh am Morgen, als ich darauf warte, dass die anderen aufwachen, auf dem iPad kanonische Schriften, die ich im Internet finde. In einem Midrasch aus dem 9. Jahrhundert *(Midrasch Tanchuma)*, der erklärt, Gottes Strafe für einen Sünder sei immer an dessen Sünde gebunden, stoße ich auf eine Erwähnung der Stadt Gaza – »Rabbi Jehuda sagt: Sein Vergehen in Gaza nahm seinen Anfang, wie überliefert: Simson ging hin gen Gaza und sah daselbst eine Hure und kam zu ihr. (Richter, 16:1). Daher war seine Strafe daselbst in Gaza« –, und ich beschließe, das ist die Geschichte, die ich lesen muss.

Ich öffne das Buch der Richter – und bin fassungslos. Wie kann es sein, dass ich, seit dieser Krieg begonnen hat, noch nicht darin gelesen habe? Es erzählt wahrhaftig von uns (genau wie Italo Calvino schreibt: »Es ist das klassisch, was dazu neigt, die Aktualität auf den Rang eines Hintergrundgeräusches zu verweisen, aber gleichzeitig auf dieses Hintergrundgeräusch nicht verzichten kann.«). Es berichtet von einem viele Jahre währenden gewaltsamen Konflikt zwischen Israel und den Philistern (wobei in dieser Geschichte die Philister die Besatzer sind), von einem Kriegshelden, der sich nicht fürchtet, die Besatzer immer wieder aufs Neue herauszufordern, der ihre Felder in Brand steckt mithilfe von Fackeln, die er an die Schwänze von Füchsen bindet, der eintausend Männer erschlägt mit dem Kieferknochen eines Eselhengsts, sicher, dass seine unbezwingbare Kraft niemals schwinden wird. Er stiehlt sich nach Gaza, schläft mit der Philisterin Delila und vermag ein ums andere Mal den feindlichen Soldaten zu entkommen, die ihm auflauern.

Auf dem Höhepunkt der Geschichte, nachdem er dem Drängen seiner Geliebten nachgegeben und ihr das wahre Geheimnis seiner Kraft verraten hat – sein Haupthaar, das noch niemals geschnitten wurde –, versucht er abermals, einem Philister-

Hinterhalt zu entkommen, wird jedoch vom Feind gefasst. Das ist der Moment der Geschichte, der mich trifft wie ein Schlag. Ohne Martha aufzuwecken, schlüpfe ich aus dem Bett und kopiere die Stelle in mein Heft, um ihr am Morgen, wenn sie wach ist, davon zu erzählen: Simson entdeckt, dass ihn seine Kraft verlassen hat, dass das, was ihm immer geholfen hat, diesmal nicht funktioniert. »Da er nun aus seinem Schlaf erwachte, gedachte er: Ich will ausgehen, wie ich mehrmals getan habe, ich will mich losreißen; und wusste nicht, dass der HERR von ihm gewichen war.« Am Ende der Geschichte wird der geblendete Simson, dessen Haupthaar in der Zeit im Gefängnis nachgewachsen ist, in ein großes Versammlungshaus in Gaza gebracht und zur Schau gestellt. Die Bewohner Gazas kommen in Scharen, um den israelischen Gefangenen zu sehen, worauf er das gesamte Gebäude, *über ihnen und sich selbst,* zum Einsturz bringt, doch nicht, ehe er den berühmten Satz gesprochen hat, den in Israel jedes Kind zitieren kann: »Meine Seele sterbe mit den Philistern.«

Als wir später am Vormittag einen Spaziergang durch grüne, regennasse Felder unternehmen, erzähle ich Martha von der Geschichte. Mehr als dreitausend Jahre vor dem, was wir jetzt im Fernsehen verfolgen – die ausgebrannten Häuser im Kibbuz

Be'eri, die zerbombten Gebäude in Gaza –, hat es im Mittelpunkt unserer Geschichte schon einmal ein in sich zusammenstürzendes Haus gegeben: »Und er fasste die zwei Mittelsäulen, auf welche das Haus gesetzt war und darauf es sich hielt, eine in seine rechte und die andere in seine linke Hand, und sprach: Meine Seele sterbe mit den Philistern! und neigte sich kräftig. Da fiel das Haus auf die Fürsten und auf alles Volk, das darin war, dass der Toten mehr waren, die in seinem Tod starben, denn die bei seinem Leben starben.« Ist das nicht exakt, was wir gerade tun? Wir bringen Gaza über uns zum Einsturz, stürzen gemeinsam mit Gaza ein? Und ist es nicht im Grunde genommen, was auch sie tun – die Palästinenser versuchen, unsere Häuser zum Einsturz zu bringen, und brechen gemeinsam mit uns unter den Trümmern zusammen? (Vielleicht ist es das, was uns am schwersten fällt zu akzeptieren? Was, wenn wir, entgegen allem, was wir von uns selbst denken, am Ende einfach nicht klug sind?)

*

Weihnachtsgeschenke. Die Reise mitten im Krieg bringt bei uns allen unterschiedliche Gefühle nationaler Zugehörigkeit zum Vorschein. Benjamin ist glücklich in England. Dieser schweigsame, ernste Junge wird in Gesellschaft von Marthas Eltern gesprächig und ungezwungen. Er plaudert in einem fort auf Polnisch und Englisch mit schwerem britischem Akzent, den ich nicht verstehe. Die klirrende Kälte, mit der ich meine Mühe habe – kaum sind wir gelandet, fange ich mir eine Erkältung ein und drohe, krank zu werden –, genießt er. Er zieht mit Marthas Vater Marek los, um bei Sainsbury's einzukaufen, kommt mit allen möglichen Schweinefleisch-Stücken wieder und kocht stundenlang mit seiner Großmutter Henja. *(Schreib auch, was dich traurig macht, dir gleichzeitig aber Freude bereitet: Mit seinen Großeltern pflegt er eine körperliche Nähe, die ihm zu dir offenbar unmöglich ist. Er gestattet sich, sie zu umarmen, und ihnen, ihn in den Arm zu nehmen. Will er allein sein, zieht er sich in Mareks und Henjas Schlafzimmer zurück, legt sich auf ihr Bett und schaut Filme. In unser Schlafzimmer zu Hause würde er sich nie verirren.)*

Sarah dagegen teilt Marthas Eltern mit, sie halte die *Kaschrut*, die jüdischen Speisevorschriften, ein und könne daher so gut wie nichts essen, auch nicht beim festlichen Weihnachtsessen, an dem sie ohnehin nicht teilzunehmen gedenkt. Doch nach ein paar Tagen ist sie zu Zugeständnissen bereit – und schmückt den Weihnachtsbaum, der im Wohnzimmer steht, fast ganz allein. (Nach dem Weihnachtsessen erwarten uns darunter Geschenke: für Sarah sieben oder acht Fantasy-Romane, für Benjamin ein Kochbuch und ein Manchester-United-Trikot, für Martha ein Buch von Annie Ernaux auf Polnisch und ein Schreibheft und für mich ein Buch von Italo Calvino, das ich schon habe – ein in Paris verfasstes Tagebuch, das ich zu lesen begonnen und dann beiseitegelegt hatte, weil meine Sehnsucht nach Paris zu stark war.)

Martha blüht in Warschau, ihrer Geburtsstadt, förmlich auf. Ich liebe, wie tief sie die Luft einatmet, kaum haben sich die Türen des Flugzeugs geöffnet, liebe, wie energisch sie auf den eisglatten und teils schneebedeckten Bürgersteigen ausschreitet. Sie verbringt Stunden in Buchläden – ein Vergnügen, das sie sonst nur selten hat. Ich frage mich, wie unser Leben hier aussehen könnte. Könnte ich hier leben? *(Als ihr in Cambridge gewohnt habt, hast du dich elend gefühlt, wolltest nur zurück nach Tel Aviv. Aber vielleicht wäre es etwas anderes hier in Warschau, wo du dich immer wohlgefühlt hast, einer Stadt, die einst Hunderttausenden von Juden ein Zuhause und vor hundert Jahren das pulsierende Zentrum der hebräischen Literatur* war?*)*

(Und noch ein Bild, unmittelbar vor unserer

Rückkehr nach Israel: Martha und ich nehmen die Straßenbahn, um uns das Haus anzuschauen, in dem ihre Großmutter Janina den Großteil ihres Lebens gewohnt hat, im Stadtviertel Praga. Von Janinas Mutter vor dem Zweiten Weltkrieg erbaut, hatte es die Bombenangriffe der deutschen Luftwaffe fast unbeschadet überstanden. Inzwischen ist das Gebäude heruntergekommen und bröckelt, steht aber noch. Der zweite Stock, der Janina gehörte, ist seit Jahren unbewohnt. Alle Türen sind abgesperrt. Einmal hatten sich Studenten Zugang zu der Wohnung verschafft, hatten für ein paar Tage darin gewohnt und einen Horrorfilm gedreht. Ich schlage ein paar Mal kräftig gegen die alte Holztür, bis sie schließlich nachgibt und aufspringt. Ist das ein Zeichen, dass wir hierher zurückkehren müssen?)

*

Fantasy. Als wir zurück in Israel sind, sind die meisten Reservisten, die in den Tagen nach dem 7. Oktober mobilisiert wurden, entlassen und wieder zu Hause, und an der Universität wird das Studienjahr eröffnet. In der ersten Woche auf dem Campus informiere ich, mich an die Weisungen haltend, die wir von der Universitätsleitung erhalten haben, die Studenten meines Schreibworkshops darüber, wo sich der nächstgelegene Schutzraum befindet – und alle lachen. »Bin ich der einzige Dozent, der sich daran hält?« Als sie bejahen, beschließe ich, es von jetzt an sein zu lassen. Denn sie haben recht. Es gibt ja keinen Luftalarm mehr in Tel Aviv. Das Raketenarsenal der Hamas ist offenbar aufgebraucht, oder die Militäraktion in Gaza erschwert es ihnen, sie abzufeuern. Ich bitte die Studenten, sich vorzustellen, zu erzählen, was sie lesen und woran sie schreiben, und auch, wie sie die Monate nach Beginn des Kriegs erlebt haben. Niemand geht auf diese letzte Frage ein, aber alle berichten begeistert, was sie schreiben wollen und was sie gerade lesen. Immer mehr Studierende lesen vor allem Fantasy-Literatur, so wie Sarah, und dass ich von diesem Genre nicht die geringste Ahnung habe, bringt mich auf den Gedanken, ich sei eigentlich gar nicht der richtige Dozent für meine eigene Veranstaltung. Der Kurs ist sehr gut besucht, und ganz offensichtlich haben die Studentinnen und Studenten sehnlichst darauf gewartet, in die Uni zurückzukehren, sich in der Cafeteria zu treffen und über Literatur zu reden. *(Aber was empört dich daran? Auch dich hat das Sich-Klammern an die Literatur gerettet. Du solltest sie doch verstehen, oder?)*

Ein sonderbares Gefühl: Für einen Teil der Israelis ist der Krieg wie vorbei, nicht aber für alle – nicht für die Geiseln, deren Familien, die Bewohner im Süden und im Norden des Landes, die ihre Häuser verlassen mussten und nach wie vor in Hotels wohnen, nicht für die Soldaten, die sich noch in Gaza befinden, die an Körper oder Seele verwundet zurückgekehrt sind. Und natürlich nicht für die Bewohner des Gazastreifens. Die gegenwärtige Situation wird allgemein als »dritte Kriegsphase« oder »Kampfhandlung mit niedriger Intensität« bezeichnet. Vielleicht ist das die Phase, in der alle wollen, dass der Krieg endet, um die eigenen Wunden zu verbinden und wieder aufzubauen, was zerstört wurde – aber nicht wissen, wie er sich beenden lässt. Oder warten wir noch immer auf ein »Siegesbild«? (Oder vielmehr auf ein Auslöschen der Schmach, das Vergehen der Trauer und des Leids? Aber Trauer und Leid werden nicht vergehen. Ich sehe sie auf den Gesichtern der Studierenden, sehe sie auf den Gesichtern der Händler und der Kunden bei meiner wöchentlichen Runde über den Markt am Freitagmorgen. Der Schmerz wird nicht vergehen und auch die Niedergeschlagenheit nicht, trotz aller »Rückkehr zum Alltag«.)

Die immer gleichen Nachrichtenjournale im Fernsehen deprimieren mich. Jeden Abend, wieder und wieder, schon seit fast drei Monaten, die Siegesversprechungen von Politikern und Militärs, an die keiner mehr glaubt, die Berichte von neuem und altem Unglück. Seit ich die Geschichte von Simson gelesen habe, sehe ich uns darin, sehe das Haus, das wir eigenhändig über uns allen zum Einsturz bringen, erkenne das »Sterbe meine Seele mit den Philistern« wieder. Etwa die furchtbare Geschichte eines hochrangigen Offiziers, der am 7. Oktober der Besatzung eines Panzers Befehl erteilt hatte, Granaten auf ein Haus im Kibbuz Be'eri abzufeuern, in dem Hamas-Terroristen zwölf Israelis in ihre Gewalt gebracht hatten. Das Haus wurde restlos zerstört und alle darin getötet, Entführte und Entführer gleichermaßen. Oder das Unglück vom 23. Januar: Eine Einheit von Soldaten vermint ein Gebäude in Gaza, um es in die Luft zu sprengen, doch dann schlägt ein Geschoss darin ein, noch ehe sie das Weite suchen können. Das von ihnen mit Sprengsätzen bestückte Gebäude stürzt zusammen und begräbt sie unter sich. Einundzwanzig Soldaten werden getötet. Auch die Berichte auf *Al Jazeera* sind entsetzlich. Die Zahl der getöteten Palästinenser liegt bald bei 30 000, und der Hunger lässt Frauen und Kinder um Säcke mit Mehl und Reis kämpfen. Wenn der Krieg vorüber ist, wird es in Gaza nicht mehr viele Häuser geben, in die man zurückkehren kann. Das gesamte gesellschaftliche Gefüge zerfällt: Straßen, Wohnviertel, Gemeinschaften.

Wie Sarah, die in ihrem Zimmer wieder in den Tausenden Seiten Fantasy-Literatur versinkt, die sie zu Weihnachten geschenkt bekommen hat, höre auch ich auf fernzusehen. (Sie spricht auch nicht mehr von den Videos, die sie von jenem Schwarzen Schabbat gesehen hat. Aber heißt das, dass sie aus ihrer Erinnerung gelöscht sind?)

(Ein Schabbat, Ende Januar. Wir fahren nach Cholon, um den Geburtstag von Ariels jüngster Tochter zu feiern, zusammen mit der ganzen Familie. Meine Mutter wird da sein, und ich werde sie treffen, das erste Mal seit unserem ominösen Gespräch. Auch Yael und Amitai und die Mädchen sind da. Nicht ein Wort fällt über den Krieg oder den 7. Oktober. Alle sind deprimiert. Niemand in Israel, ganz egal, wie seine oder ihre politische Einstellung ist, glaubt an einen »Sieg«. Es wird über das Essen geredet, über die Schulen der Kinder, den Regen, der schon seit Tagen fällt, und über die Winterkrankheiten, die alle heimsuchen. Ich gehe mit Ariel auf den Balkon, und selbst als wir allein sind, prophezeit er keinen Mehrfrontenkrieg mehr. Wir rauchen schweigend. Der Krieg stellt sich nur für einen Moment ein, als nach *Happy Birthday* auf dem riesigen Fernseher im Wohnzimmer auf YouTube das Lied *Charbudarbu* läuft, die inoffizielle Kriegshymne, in der ein israelisches Hip-Hop-Duo den Palästinensern verspricht: »Es wird Bomben regnen.«)

Sahnebecher. Doch es gibt auch Momente, in denen Verdrängung schier unmöglich ist. An einem Freitagabend schalte ich trotz allem den Fernseher an und schaue mir ein Porträt über Nili Margalit an, die aus ihrem Haus im Kibbuz Nachal Oz entführt wurde und am 30. November aus der Geiselhaft freikam. Ihre Geschichte ist reich an Details, und sie spricht mit einem Lächeln in die Kamera. Am Morgen des 7. Oktober überraschte sie in ihrer Küche einen palästinensischen Jugendlichen, der alle Schränke durchsucht und schließlich drei Becher Schlagsahne aus dem Kühlschrank geholt hatte, um sie mit nach Gaza zu nehmen. »Ehrlich? Das ist das, was du mitnimmst?«, fragte sie ihn. Dann kam der Vater des Jungen ins Haus gestürmt, mit einem Messer in der Hand, und zwang sie, mit ihnen nach Gaza zu kommen, wo sie fünfundfünfzig Tage lang in einem unterirdischen Tunnel gefangen gehalten wurde.

Am nächsten Morgen, Schabbat, beschließt Benjamin, der in einem fort kocht, seit wir aus England zurück sind, für uns alle Pancakes zu machen, nach einem Rezept aus dem Kochbuch, das er zu Weihnachten geschenkt bekommen hat. Aber wir haben keine Schlagsahne im Haus, und der Supermarkt nebenan ist geschlossen, also muss meine morgendliche Laufrunde warten, und wir fahren zu einem weiter entfernten, am Schabbat geöffneten Laden, um Sahne zu kaufen. Dann setze ich Benjamin zu Hause ab, breche auf zu meiner Joggingrunde und kehre mit einem Heißhunger auf Pancakes zurück. Der süße Backduft erfüllt das ganze Treppenhaus – aber die Küche finde ich leer vor. Ich klopfe an Benjamins geschlossene Zimmertür. »Was ist mit den Pancakes?« – »Die sind nichts geworden«, sagt er, enttäuscht, vielleicht sogar verlegen. »Nicht tragisch. Wo hast du sie denn hingestellt? Ich muss gleich mal einen probieren.« Ich versuche ihn aufzumuntern und bin wie vor den Kopf geschlagen, als er sagt: »Geht nicht, ich habe sie weggeworfen.« – »Du hast sie weggeworfen?! Wir sind ganz umsonst losgefahren, um Sahne zu kaufen?« Wieder einmal versteht er nicht, warum ich mich so aufrege, es geht doch nur um einen Becher Sahne, und ich schwanke, ob ich ihm von dem Jungen aus Gaza erzählen soll, in dessen Augen ein paar Sahnebecher reiche Kriegsbeute sind, oder von dem Viertel Pitabrot, das die Geiseln dort am

Tag zu essen bekommen, oder von den Müttern in Gaza, die keine Milch haben, um ihre Kinder zu ernähren, aber am Ende schweige ich. (»Ich wollte euch was Leckeres machen, und es ist nichts geworden«, sagt er leise. »Wenn du möchtest, können wir noch mal Sahne kaufen, und ich mache neue.« Doch ich möchte nicht.)

*

Zeit zu schweigen (oder fürs Fernsehen zu schreiben). *Wenn du dich doch jetzt nur ganze Tage in deinem Arbeitszimmer einschließen und wieder an deinem Kriminalroman über die Mutter und ihren Sohn schreiben könntest. (Plötzlich ist dir aufgegangen: Das Problem mit dem Buch war, dass du es aus der Perspektive der Mutter angelegt hattest und nicht aus der des Sohnes.) Oder besser noch, wenn du dich hinsetzen und einen Fantasy-Roman schreiben könntest, den deine Studenten lesen wollen würden – und vielleicht auch Sarah. Du würdest ihn unter Pseudonym veröffentlichen, irgendwas Amerikanisches. Er würde sich millionenfach verkaufen, und von den Tantiemen könntest du eine Wohnung in Paris kaufen und eine in Warschau, könntest von hier fliehen und deine Familie in Sicherheit bringen. Aber das kannst* *du nicht – und ohnehin interessiert sich hier gerade niemand für Literatur. (Schreib die Wahrheit, nicht nur wilde Fantasien: Du warst gekränkt. Hast vielleicht auch Panik bekommen. Die Kurzgeschichte, die du über die Begegnung mit einer fiktiven Geisel geschrieben hattest, ein Entführter, dem es gelingt, für einen Abend aus Gaza zu entkommen, ist in einer Anthologie von Erzählungen israelischer Schriftstellerinnen und Schriftsteller über den Krieg erschienen – und hat vernichtende Reaktionen erfahren. Alle Literaturbeilagen der großen Zeitungen brachten Kritiken dazu, da es seit Beginn des Krieges keine Neuerscheinungen mehr gibt und die Kritiker nichts haben, worüber sie schreiben können. Und die meisten von ihnen haben uns Schreibenden geraten, besser einfach zu schweigen. »Schriftsteller müssen wissen, wann es Zeit zu schweigen ist.« So lautete die Überschrift zu einer der Kritiken. Aber warum eigentlich sollen Schriftstellerinnen und Schriftsteller jetzt schweigen? Warum soll man wieder Restaurants besuchen, in Einkaufszentren shoppen gehen, an Schulen und Universitäten lernen, bei Yad Vashem arbeiten, Geburtstage feiern – und Schreiben ist untersagt? Weil es verboten ist, über den Krieg nachzudenken? Du empörst dich über den Versuch, dich zum Schweigen zu bringen, aber Tatsache ist, es funk-*

tioniert, du zensierst dich bereits selbst. Der neue Zeitungsartikel, den du geschrieben hast, in dem du eine Volksbefragung vorschlägst unter Israelis und Palästinensern, über eine für beide Völker wünschenswerte politische Lösung – du hast beschlossen, ihn fürs Erste nicht zu veröffentlichen. Und auch dieses Kriegstagebuch hier planst du nicht auf Hebräisch herauszubringen. Die »Jäger« haben dich zur Strecke gebracht.)

Aber was du in der Zwischenzeit tun kannst, ist, dich in die Recherche zum Polizeirevier in Sderot vertiefen. Man hat dir bereits angeboten, darüber eine Serie fürs Fernsehen zu schreiben – kein Buch. Und warum eigentlich nicht? An einem winterlichen Morgen fährst du mit dem Motorrad nach Rishon LeZion, in ein riesiges neues Viertel im Ostteil der Stadt, das sich noch im Bau befindet. (Alle in den letzten Jahren in den Satellitenstädten hochgezogenen Viertel sehen gleich aus: Wohntürme mit mehr als zwanzig Stockwerken, jede Wohnung mit einem winzigen Balkon, und unten »Gewerbeflächen« – Supermärkte der großen Ketten, Apotheken, Eisdielen. Und alle diese Projekte liegen seit dem 7. Oktober auf Eis, sind wie schockgefroren, im Bau erstarrt, weil die palästinensischen Bauarbeiter nicht mehr nach Israel einreisen dürfen. Die riesigen Baukräne stehen still, und die unvollendeten Wohntürme sehen aus wie die Gerippe einer verlassenen Stadt. Eine Dystopie.)

Im siebzehnten Stock eines der leeren Türme empfängt mich A., die Lebensgefährtin von Me'ir Aberdjil, Polizeibeamter des Reviers in Sderot, dessen Geschichte mich besonders berührt hat. Unmittelbar nach dem 7. Oktober wurde A. aus Sderot evakuiert und bekam das Angebot, vorübergehend in einen der Türme zu ziehen, dessen Wohnungen größtenteils noch unbewohnt sind. Auf dem Tisch im Wohnzimmer, den sie, ebenso wie den riesigen Fernseher, der während unseres Gesprächs die ganze Zeit läuft, von einer der Initiativen bekommen hat, die den Evakuierten helfen, stehen Schalen mit Knabbersachen und Gebäck. Die nächsten Stunden erzählt sie mir von Me'ir. Über ihre Begegnung (Sie haben sich bei der Arbeit kennengelernt: Sie war Sozialarbeiterin und er bei der Polizei mit Jugendkriminalität befasst; für beide war es ein zweites Kapitel in Sachen Beziehung, aber mir scheint, sie möchte das Thema nicht vertiefen), über den Beginn ihrer Beziehung, die vielen Auslandsreisen. Bei jeder sich bietenden Gelegenheit seien sie verreist, trotz ihres bescheidenen Gehalts als Staatsbedienstete – ein paar Tage in Frankreich, eine Woche in Portugal, im Mietwagen durch die Dörfer der Toskana.

Sie spricht über Me'ir, bricht immer wieder ab und weint. Fünfundfünfzig war er, in Sderot geboren, und er hatte sein ganzes Leben dort verbracht. »Du kannst dir nicht vorstellen, wie das war, mit ihm in Sderot unterwegs zu sein. Jeder kannte ihn, alle hielten ihn an, wollten ihm etwas sagen, ihn um etwas bitten. Ihm danken.« Ein echter Sheriff. »Warum danken?« Weil Me'ir »ein guter Cop« war, ein bisschen wie mein Ermittler, wie Avi Avraham. Er war zur Polizei gegangen, um Menschen zu helfen. Hätte Karriere machen können, als Ermittler bei einer prestigeträchtigen Einheit, war tatsächlich auch für einige Zeit bei der Mordkommission. Aber er wollte lieber mit Jugendlichen arbeiten, denn sein Ziel war es, aufzufangen, zu erziehen – und nicht, zu bestrafen.

Vor ein paar Monaten war bei Me'ir eine Krebserkrankung diagnostiziert worden, doch nicht im finalen Stadium, kein Krebs, der sich nicht hätte besiegen lassen. Aber die Therapie und die Medikamente schwächten Me'ir. Er versuchte, seine Einschränkungen zu verbergen – sogar A. gegenüber verschwieg er Arztbesuche – und zu funktionieren wie immer, niemand bei der Polizei sollte mitbekommen, dass er nicht im Vollbesitz seiner Kräfte war, welche Ängste ihn belasteten. Doch nicht immer gelang ihm das. Bei einer Wanderung mit Freunden fiel ihm das Gehen schwer, und er blieb, schwer atmend, zurück. Und bei einem Wochenendtrip nach Eilat mit Polizeikollegen sprang er mit allen anderen vom Boot ins Meer – und ertrank beinahe. Seine Kameraden zogen ihn im allerletzten Moment aus dem Wasser. Erst in der Woche vor dem 7. Oktober meldete er sich einige Tage krank und blieb zu Hause.

Am Morgen des 7. Oktober, als auf WhatsApp die ersten Nachrichten kamen, das Revier in Sderot werde angegriffen, setzte sich Me'ir in seinen Wagen und fuhr los. Erst hatte A. ihn angefleht, mit ihr im Schutzraum zu bleiben. Sie stritten. Du bist zu schwach und darfst dort nicht hinfahren, flehte sie. Bleib bei mir. Ich habe Angst hier alleine ohne dich. Doch er ließ sich nicht umstimmen. Aus dem Auto rief er seine Tochter an, um sich zu vergewissern, dass sie sich in einem Schutzraum befand. Unterwegs kam eine weitere WhatsApp-Nachricht, in der alle Beamten angewiesen wurden, nicht zum angegriffenen Revier zu kommen – aber Me'ir beschloss, dennoch weiterzufahren. Eine Kugel traf ihn, noch ehe er aus seinem Wagen steigen konnte. Die Terroristen waren bereits ins Revier eingedrungen und feuerten mit Maschinengewehren auf jeden, der sich dem Gebäude näherte. Me'ir war auf der Stelle tot, doch sein Leichnam blieb über Stunden im Wagen liegen, so lange, wie der Kampf um das Revier tobte.

(Als ich nach fast vier Stunden Gespräch aufbreche, bin ich aufgewühlter als gedacht. Ich wusste schon vorher, dass Me'ir Aberdjil mich an meinen Vater erinnert und das einer der Gründe ist, warum mich seine Geschichte fesselt, aber das Treffen hat traurige Bilder meines Vaters aus den letzten Monaten seines Lebens hochgespült – und auch die Schuld, die ich seitdem mit mir herumtrage. Auch mein Vater war ein Mann, an den sich alle wandten, wenn sie Hilfe brauchten, auch ihn hatten Krankheit, eine persönliche Krise und finanzielle Probleme geschwächt, und wir alle weigerten uns, das wahrzuhaben. Wir verschlossen die Augen, wollten es nicht sehen, klammerten uns an die Illusion, er würde zur alten Kraft zurückfinden und wieder so sein, wie er gewesen war. Er erlosch vor meinen Augen, ohne dass ich es gewagt hätte, mit ihm zu reden oder ihm auch nur die Hand zu reichen.)

*

Krankheitstage. Wie alle Welt werde auch ich krank. Möglich, dass ich mich bei Sarah angesteckt habe, aber ich spüre, es hat vor allem mit meinem außer Kontrolle geratenen Rauchen zu tun. Und vielleicht auch mit dem Besuch bei A. und den Gedanken an meinen Vater. Ich sage den Workshop an der Universität ab und lege mich unter einer dicken Wolldecke aufs Sofa im Arbeitszimmer, schaue keine Nachrichten, nur alte Filme und seichte Fernsehserien.

Als das Fieber sinkt, lese ich *V 13*, das neue Buch von Emmanuel Carrère, das ich in Toulouse gekauft habe, auf meiner letzten Lesereise vor dem 7. Oktober. Ein Jahr lang hat sich Carrère jeden Morgen in einem Gerichtssaal auf der Île de la Cité eingefunden, um den Prozess gegen die Männer zu dokumentieren, die der Beteiligung und Mithilfe an den Anschlägen in Paris im November 2015 angeklagt waren.

Einige Gedanken, die ich mit Bleistift auf der letzten Seite des Buches festhalte: Die Attentate von Paris erinnern an das, was am 7. Oktober passiert ist. (Vor allem das Attentat im Bataclan, das sofort an das Massaker auf dem Musikfestival denken lässt.) Wie kann es dann sein, dass Frankreich nicht am nächsten Tag den Krieg erklärt oder seine Armee losgeschickt hat, um Molenbeek zu zerstören, die Gemeinde in der Region Brüssel, aus der die Mörder kamen? (Ein unsinniger Gedanke, es ist schließlich »nicht dasselbe«.) Und auch: Carrère schenkt in seinem Buch nicht nur den Todesopfern und Verletzten Gehör, sondern auch den Geschichten derjenigen, die die Anschläge verübt oder daran beteiligt waren, er versucht, ihren Lebenslauf zu verstehen – zu verstehen, was Jugendliche, die in Brüssel oder Paris geboren wurden, dazu bringt, sich der Terrororganisation Islamischer Staat anzuschließen, in ihren Reihen in Syrien zu kämpfen und schließlich Attentate an dem Ort zu verüben, an dem sie aufgewachsen sind. Uns hierzulande ist so etwas untersagt. Könnte ich etwa versuchen, nicht nur über die Polizeibeamten zu schreiben, die auf dem Revier in Sderot ermordet wurden, sondern auch über die Hamas-Täter, die das Revier an jenem Morgen stürmten und dort im Kampf getötet wurden? (Natürlich nicht, denn »wie lässt sich das vergleichen«.)

Gründe, ein Tagebuch zu schreiben. Während der Krankheitstage vernachlässige ich das Tagebuchschreiben. Vielleicht auch wegen eines Artikels, den ich in der *Haaretz* lese, über die Kriegstagebücher palästinensischer Autoren und Lyriker, die in Gaza leben, Texte, die in Zeitungen rund um die Welt abgedruckt werden. Ein Gefühl von Scham befällt mich – sie dokumentieren die Zerstörung, die um sie herum wütet, schreiben über Tod, Flucht und Hunger. Und worüber schreibst du? Über eine fiktive, metaphorische Zerstörung? Über Sahnebecher? Aber vielleicht ist genau das ein Grund weiterzumachen – um bewusst zu machen, wie unterschiedlich das Leiden hier und dort jetzt ist?

Und noch eine Fantasie, die mir fiebernd kommt: Anstatt miteinander zu wetteifern, wer dem anderen mehr Leid zufügt – was, wenn beide Völker beschließen würden, ihren ewigen Konflikt in einem Verswettstreit zu entscheiden? Zwei nationale Dichter, sagen wir Mahmud Darwish und Jehuda Amichai oder Lea Goldberg und Fadwa Tukan, würden sich auf offenem Feld treffen, würden einander ihre Gedichte vortragen, würden mit Worten fechten, als wären es Degen? Dieses Bild könnte auch in Homers *Ilias* vorkommen, denke ich und kehre, noch unter dem Eindruck meines Fiebertraums, zu dem Epos zurück, schlage das Buch auf der Seite auf, auf der ich es vor unserer Reise verlassen habe.

Der zwölfte Gesang (»Künftige Vertilgung der Mauer«) beginnt mit einem ironischen Einwurf: Auf dem Höhepunkt der Schlacht um Troja springt der Dichter ein paar Jahre voraus und erzählt, wie die Mauer, die wegen des Krieges errichtet wurde und entlang derer sich die beiden Heere niedermetzeln, ohnehin in nicht allzu ferner Zukunft durch Naturkatastrophen und den Zahn der Zeit zerstört werden wird. Erscheint der Krieg der Griechen und Trojaner dadurch in einem anderen, einem absurden Licht? Die Orte, die ihr zu erobern und euch untertan zu machen sucht, gehören in Wahrheit der Natur und den Göttern, und diese werden damit umspringen, wie ihnen beliebt.

»Allen zugleich nun wandte die Mündungen Phöbos Apollon
Gegen den Bau; neun Tage beströmt' er ihn; während herab Zeus
Regnete, schneller ins Meer die umflutete Mauer zu wälzen.
Aber der Erderschütterer selbst, in den Händen den Dreizack,
Ging voran, und stürzt' aus dem Grunde gewühlt in die Wogen
Alle Blöck' und Steine, die mühsam gelegt die Achaier;
Schleift' und ebnet' es rings am reißenden Hellespontos,
Und umhüllte mit Sand weithin das große Gestade,
Wo er die Mauer vertilgt; dann wandt' er zurück in das Flutbett
Jeglichen Strom, wo zuvor er ergoss sein schönes Gewässer.

Also sollte hinfort Poseidons Macht Apollons
Taten tun. Doch jetzo war Schlacht und
Getümmel entbrannt rings
Um den gewaltigen Bau …«

Das Geschenk des Schlafs. In der *Ilias* tobt der Kampf während des Tages – in der Nacht jedoch wird den Kriegern das »Geschenk des Schlafs« zuteil, das sie der Schrecken des Schlachtfelds enthebt. Ich dagegen schlafe am Tag (schreib nicht *ich* – erlaube dir, *wir* zu schreiben), und ausgerechnet in der Nacht, im Schlaf, lässt mich der Krieg wissen, dass er weit davon entfernt ist zu enden.

Ich, der ich nie träume oder mich zumindest an nichts erinnere, wenn ich aufwache (in meinem »Heft der Träume«, das ich 2017, angeregt durch Georges Perec, begonnen habe, habe ich gerade einmal vier Träume festgehalten, in sechs Jahren!), träume jetzt fünf Nächte hintereinander vom Krieg und halte die Träume gleich beim Aufwachen fest.

Aus dem »Heft der Träume«:

Meine Freundin S. und ich sind zu einem Schreib-Retreat im Norden des Landes, unweit der libanesischen Grenze. Nach ein paar Stunden Arbeit unternehmen wir einen Spaziergang – und werden von der Hisbollah gefangen genommen und nach Beirut gebracht. Wir treffen den Hisbollah-Führer Hassan Nasrallah und sind von da an seine ständigen Begleiter. Wir gehen, wohin er geht, werden mit ihm von einem Versteck zum nächsten gebracht, leben mit ihm sein Leben, sind sogar mit ihm bei internationalen Konferenzen dabei (auf denen wir aus irgendeinem Grund nur Staatsmänner und Politiker treffen, die bereits tot sind, Husni Mubarak etwa und Henry Kissinger). Die Odyssee von einem Versteck zum nächsten ist beinahe interessant, wie ein Ausflug, und vor allem ist sie ein Traum, diese Reise, in deren Verlauf wir auch Menschen treffen, die uns beide kennen, wohl Israelis, und die uns fragen, warum wir nicht fliehen, wenn sich uns die Gelegenheit bietet. Wir erklären ihnen, wir hätten Angst, würden uns vor den Bombenangriffen der Luftwaffe fürchten, und auch wenn uns die Flucht gelänge und wir es zurück nach Israel schafften, würden wir weiter in der Sorge leben, sie könnten uns treffen. Auch als die internationale Konferenz, an der wir teilnehmen, von Flugzeugen bombardiert wird, fliehen wir nicht, sondern laufen hinter unseren Entführern her, drängen uns an sie. Mit diesem Gefühl wache ich auf – dass wir niemals fliehen und, selbst wenn wir freikommen, weiter in ständiger Angst leben werden. (20.1., möglich, dass in diesem Traum Erzählungen der aus der Gefangenschaft der Hamas zurückgekehrten Entführungsopfer widerhallen: Am meisten Angst hätten sie vor den massiven Angriffen der israelischen Luftwaffe gehabt.)

...

Der Krieg findet in Tel Aviv statt, auf unseren Straßen. Ich melde mich, um eine Waffe zu erhalten, und bekomme ein M16-Sturmgewehr. Vielleicht kämpfe ich auch. Aber das Problem ist, dass ich das Gewehr noch an dem Tag, an dem ich es ausgehändigt bekomme, verliere. Ich lasse es dort stehen, wo wir gekämpft haben. (Offenbar in der Gegend um den Levinsky-Markt, ganz in der Nähe meines Büros.) Im weiteren Verlauf des Traums versuche ich bloß noch, die Tatsache zu verheimlichen, dass ich die Waffe verloren habe, weshalb ich mich bemühe, andere (wen denn?) dazu zu bringen, sie für mich dort zu holen, wo ich sie vergessen habe. (21.1.)

...

Ich habe den Auftrag, eine Sonderbeilage der *Haaretz* zu betreuen, aus einem der Kibbuzim, in denen am 7. Oktober das Massaker stattgefunden hat (so wie damals, als ich noch für die Zeitung gearbeitet und Sonderbeilagen zu den Feiertagen betreut habe). Deshalb ziehe ich in den Kibbuz. Mein Team aus Redakteuren und Autorinnen und Autoren besteht sowohl aus Leuten von der Zeitung als auch aus Bewohnern des Kibbuz und ist starkem Druck von oben ausgesetzt (allem Anschein nach durch den Minister für nationale Sicherheit Itamar Ben-Gvir). Als die Beilage fertig ist, verabschieden wir uns voneinander, und einer der jungen Redakteure dankt mir dafür, dass er durch mich Paul Celan kennengelernt hat. Danach bauen wir anscheinend den Kibbuz ab, so wie man am Ende einer Theateraufführung die Kulissen abbaut. Ich wache in einem besonders peinlichen Moment auf: Weil wir schon alles abgebaut haben, auch die Toilettenräume, muss ich mich draußen erleichtern, auf die Kulissen. Mein Hintern ist entblößt, ich spüre den kalten Wind und wache auf. (22.1., es ist Jahre her, dass ich zuletzt etwas von Celan gelesen habe, und ganz sicher bin ich kein Fachmann, was seine Dichtung anbetrifft. Wie ist er dann in diesen Traum geraten?)

…

S. und ich werden nach Gaza entführt. Unsere Entführer sind eine junge Frau, keine Palästinenserin (eine Europäerin, oder vielleicht eine Israelin?), und ein hünenhafter, schweigsamer Mann. Die Bedingungen, unter denen man uns festhält, sind offenbar akzeptabel, aber das ist nicht das Wesentliche des Traums, sondern unsere Flucht aus der Gefangenschaft. Wir beschließen zu fliehen und tun es, als wäre nichts leichter als das. Unsere Entführer haben keine Waffen. Im Nu finden wir uns in Tel Aviv wieder. Oder sind wir hier vielleicht sogar gefangen gewesen? Wir fliehen vor der Frau und dem riesenhaften, schweigsamen Mann inmitten des sehr geschäftigen, lauten Tel Aviv – wie in der Realität sind Restaurants und Cafés gut besucht, drängen sich Unmengen von Leuten auf den Bürgersteigen und machen es uns schwer voranzukommen –, stellen aber fest, dass die Entführer uns gar nicht verfolgen. Nach der Flucht beschäftigt uns vor allem die Frage, wann wir zur Polizei gehen und was wir dort erzählen sollen. Doch fürs Erste erzählen wir niemandem, dass wir entführt waren. Wir halten uns weiter versteckt, doch verstecken wir uns jetzt vor der Polizei? In unserem neuen Versteck begehe ich die schlimmste Tat des ganzen Traums, weswegen ich mich schuldig fühle. Als S. gerade nicht im Zimmer ist, nehme ich ihr iPad, suche nach dem georgischen Epos, das sie gerade liest, und leite die Datei an meine E-Mail-Adresse weiter. Kurz darauf trifft die Polizei bei uns ein, und wir sind gezwungen, von der Entführung und unserer Flucht zu erzählen. Möglich, dass ich aus dem Traum erwache und mir sage, ich muss ihn aufschreiben, denn im Verlauf des Traums (oder vielleicht ist das schon ein anderer Traum?) notiere ich den Traum mit Bleistift in einem braunen Heft, während Benjamin mir dabei zusieht. (23.1. Dieser Traum ähnelt stark dem, den ich vor drei Tagen hatte. Warum werde ich jedes Mal zusammen mit S. entführt? Mir scheint, das hängt damit zusammen, dass es in den Träumen auch um das Schreiben geht – und S. ist nicht nur eine Freundin von mir, sondern auch meine Lektorin und Co-Autorin beim Schreiben fürs Fernsehen. Über die Übersetzung des georgischen Epos und Nibelungenlieds *Der Recke im Tigerfell* von Schota Rusthaweli habe ich vor dem Einschlafen etwas gelesen und mir gesagt, ich müsse es unbedingt lesen.)

…

Auf der ganzen Welt wird ein Experiment zur Unterbrechung der Sauerstoffversorgung angesetzt: Der gesamte Sauerstoff des Globus soll abgesaugt werden. Viele wissen nichts von dem Experiment und sind entsprechend nicht darauf vorbereitet.

Wir aber (Martha und ich, doch wo sind die Kinder?) sind gerüstet. Wir wissen, es gibt eine Tablette, die man nehmen soll, um in tiefen, komaartigen Schlaf zu fallen und erst dann zu erwachen, wenn die Erde wieder mit Sauerstoff versorgt wird. Am Vorabend des Experiments kommt ein Instruktor zu uns nach Hause – wie ein Reiseführer oder vielleicht ein Clown, der im Krankenhaus vor Patienten auftritt. Er geht mit uns zur Apotheke und kauft zwei Tabletten mit uns, eine rote und eine silberfarbene, die sollen wir nehmen, um ins Koma zu fallen. Es gibt auch ein durchsichtiges Gel, das auf die Stirn aufgetragen wird, und eine Art Plastiktüte, die während des Schlafs über den Kopf gestülpt werden soll. Auf der Straße sehe ich mich um und begreife plötzlich, dass nicht alle die Tabletten nehmen werden. Die Luft beginnt, dünn zu werden. Wir nehmen die Tabletten und sinken langsam in den Schlaf – und dann beginne ich aufzuwachen. (25. 1.)

TEIL VI

Mit offenen Augen leben

(1.2.–10.3.2024)

(Nicht mehr) Barbra Streisand hören. Der Fitnessclub der Universität ist so gut besucht wie in den Tagen vor dem Krieg. Lauter schöne junge Männer und Frauen in farbenfrohen Trainingsshirts und Leggings. Einige von ihnen sind allem Anschein nach zurück aus Gaza. Die Musik ist ohrenbetäubend. Die vielen, über den Saal verteilten Bildschirme zeigen Bilder, die sich miteinander vermischen: Werbung für Doppelrahmkäse, eine Mutter kniet am Grab ihres Soldatensohnes, ein Gespräch zwischen Ross und Chandler aus der Serie *Friends,* ein Tor von Real Madrid, Nachrichtenbilder vom Massaker am 7. Oktober.

Ich versuche, die Trance-Musik auszublenden und mich auf das Hörbuch zu konzentrieren, das ich beim Training angefangen habe: die Autobiografie von Barbra Streisand, *My Name is Barbra*. Warum nicht? Sie liest selbst, mit ihrer wunderschönen Stimme. Erzählt von ihrem jüdischen Elternhaus in Brooklyn, vom Beginn ihrer Karriere, dem ersten Vorsingen, den Auftritten in Nachtclubs, dem unterkühlten Blick ihrer Mutter. Sie ist beeinflusst von Konstantin Stanislawskis Buch *Mein Leben in der Kunst* – neugierig geworden sage ich mir, ich muss danach suchen –, will den Theaterregisseur Lee Strasberg treffen und bei ihm Schauspiel lernen. Derweil wechseln ringsum die Bilder munter weiter: Taylor Swift küsst beim Superbowl innig ihren Freund, Werbung für Versicherungen, für Kaffee (in allen Werbespots, egal, was sie dir verkaufen wollen, taucht irgendwo Israels Nationalflagge auf). Auf CNN Bilder der zerstörten Straßen von Gaza und unzählige Menschen, die die Laster mit den Lebensmittellieferungen belagern.

Sieh hin: Vor vier Monaten hattest du noch Angst, deine Stadt würde in diesem Krieg verheert werden. Und jetzt diese Ruinenlandschaft, aber in der Realität, und Frauen, Kinder und Männer, die irgendwie versuchen zu überleben, inmitten dieser Verwüstung und Zerstörung, die auch in deinem Namen geschieht. Sieh hin.

Ich halte das Laufband an. Kann Barbra Streisand nicht mehr hören. Die Dissonanz zwischen ihrer schönen Stimme und der Welt, die sie beschreibt, und dem Leben und Sterben um mich herum ist zu stark.

Ich suche nach einem anderen Hörbuch und

finde die neue Biografie Frantz Fanons (*The Rebel's Clinic* von Adam Shatz). Vor einigen Jahren war er einer meiner Lieblingsautoren. Ich wollte ihn unbedingt ins Hebräische übersetzen, und in meinem ersten Buch, das ich dann schrieb, ist er in jeder Zeile präsent. Ich kenne keinen Autor, der besser den Einfluss von Unterdrückung und Krieg auf die Seele beschreibt als er. Ich fange an, mir seine Biografie anzuhören, und seine Bücher – *Schwarze Haut, weiße Masken* und *Die Verdammten dieser Erde* – kehren sogleich zu mir zurück.

Ich trainiere weiter.

Fortsetzung folgt? Für einen Krimiautor, der sonst weiß, wie sein Buch enden wird, noch ehe er angefangen hat, es zu schreiben, ist es eine sonderbare Erfahrung, sich dem Ende eines Buches zu nähern, ohne zu wissen, wie es enden wird, ja zu verstehen, dass sein Buch kein Ende haben wird.

In weniger als einem Monat muss ich das Manuskript dieses Tagebuchs an den Diogenes Verlag schicken, und der Krieg wird dann aller Voraussicht nach noch nicht beendet sein. (Meinen ersten Roman, *Vermisst,* habe ich mit der Zeile »Fortsetzung folgt« enden lassen – nicht weil ich vorhatte, eine Fortsetzung zu schreiben, sondern weil mir damals schien, jedes Buch ende, zumindest für den, der es schreibt, an einem willkürlichen Punkt.)

Wirst du dieses Tagebuch auch noch weiterführen, nachdem du Diogenes das Manuskript geschickt hast? Wird auch dieses Tagebuch eine Fortsetzung finden? Und wenn nicht, was wirst du danach schreiben?

Ich weiß es noch nicht.

Mitte März, wenn das Semester an der Universität endet, wollte ich eigentlich ein Sabbatical nehmen, um zu schreiben, aber jetzt ist mir nicht mehr klar, was ich mit dieser Zeit anfangen werde.

Fürs Erste aber sammle ich weiter Verbrechen für einen Kriminalroman, der während des Kriegs spielen soll. Neugierig macht mich die Geschichte von ein paar jungen Männern, die sich als Überlebende des Massakers beim Musikfestival in Re'im ausgegeben haben, angeblich, um in den Genuss staatlicher Entschädigungszahlungen zu kommen. Aber vielleicht haben sie sich nicht nur des Geldes wegen betrügerisch als Opfer ausgegeben? Schließlich machen diese Entschädigungen für Überlebende nur wenige Tausend Schekel aus. Kann es sein, dass sich hinter der Gier noch ein anderes Verlangen oder eine Perversion verbirgt, die uns nur zu verständlich ist? (Ich denke, Fanon, der über psychische Deformation und Krieg geschrieben hat, würde mir zustimmen.)

Arbeitsgenehmigungen. Ich beschließe: Sollte ich tatsächlich über das Polizeirevier in Sderot schreiben, als Buch oder als Fernsehserie, werde ich auch die Geschichte der Palästinenser, die versucht haben, das Revier einzunehmen, erzählen und nicht nur die der israelischen Polizeibeamten. Wie Carrère in *V 13*.

Bei Recherchegesprächen mit Polizisten, die die Schlacht überlebt haben, habe ich schon versucht herauszufinden, wer die fünfundzwanzig Palästinenser waren, die am 7. Oktober das Revier angegriffen haben und dort getötet wurden. Doch keiner der Polizisten wusste etwas. Es ist keineswegs sicher, ob sie überhaupt je einen Namen haben werden, schließlich wurden ja alle getötet, etliche von ihnen sind unter den Trümmern des Reviers begraben und möglicherweise noch nicht einmal identifiziert. Und wo befinden sich ihre Leichen jetzt? Keine Antwort. Es kann sein, dass sie beim SHABAK wissen, wer die waren, kriege ich beschieden – aber keine Chance, dass sie dir was dazu sagen werden. Ohnehin ist keinem klar, warum das wichtig für die Geschichte sein soll.

Nur ein einziger Beamter – A., der Nachrichtendienstoffizier des Reviers – scheint zu verstehen, warum ich dem überhaupt nachgehe, vielleicht weil er ein altgedienter Ermittler und das seine Aufgabe ist: zuhören und versuchen, die Perspektive der »anderen Seite« zu verstehen.

A. war an jenem Morgen auf dem Dach des Reviers und wurde bei den Gefechten verwundet. Auch er weiß nichts Genaueres über die Männer, die versucht haben, das Revier einzunehmen, aber er bestätigt mir, dass viele der Palästinenser, die am 7. Oktober nach Israel eingedrungen sind, über Arbeitsgenehmigungen verfügten und in der Gegend beschäftigt waren, auch in Sderot, im Baugewerbe, bei Renovierungsfirmen und in der Landwirtschaft. Tausende sind jeden Morgen aus Gaza nach Israel eingereist, um in den Ortschaften im Süden zu arbeiten. Und haben dabei auch Informationen über Örtlichkeiten gesammelt, die später angegriffen wurden. Die Tatsache, dass viele der Terroristen offenbar zuvor in Israel gearbeitet hatten, wird immer als Beweis für ihre Undankbarkeit angeführt, ihren Verrat. Wir haben ihnen ein Auskommen gegeben, sind in die Küche gegangen, um ihnen ein Glas Wasser zu holen, wenn sie darum gebeten haben, und unterdessen haben sie uns ausspioniert, haben ihren Angriff geplant.

»Denkst du, von den Terroristen, die am Morgen des Schabbats das Revier angegriffen haben, waren manche schon mal dort gewesen?«

Ja, zweifellos.

»Und wie sind sie auf das Revier gekommen? Was haben sie dort gemacht?«

Möglich, dass man sie festgenommen und aufs Revier gebracht hatte, weil sie in der Stadt ohne Arbeitsgenehmigung erwischt worden waren. Oder sie hatten Anzeige erstattet. Es habe etliche solcher Fälle gegeben, auch in den Monaten vor dem Massaker, Palästinenser, die aufs Revier kamen und Anzeige erstatten wollten wegen schlechter Behandlung durch den Unternehmer, bei dem sie angestellt waren, oder weil man sie entlassen hatte, ohne ihren Lohn zu zahlen.

»Und wie seid ihr mit solchen Anzeigen umgegangen?«

In aller Form. Die Leute hätten mehrere Stunden auf dem Revier verbracht, hätten gewartet, bis sie Anzeige erstatten konnten, seien über die Flure gewandert, hätten sich alles angeschaut, sich vielleicht sogar Notizen gemacht. Auf jeden Fall hätten sie sich überall, wo sie hinkamen, bestens ausgekannt. Nicht nur hier.

An der Stelle hält der Polizeinachrichtenoffizier inne. Aus der Geschichte über den Palästinenser, der auf das Revier kommt, um Anzeige zu erstatten wegen Ausbeutung und übler Behandlung, pickt er nur die Gelegenheit heraus, die Polizisten auszuspionieren, weigert sich aber, die Ausbeutung und unrechtmäßige Behandlung selbst zu einem Teil der Geschichte zu machen. (Glaubt er überhaupt, dass es die gegeben hat?) Hier beginnt die Aufgabe der Literatur: sich die Geschichte des Palästinensers vorzustellen, der frühmorgens, noch fast in der Nacht, in Gaza aufwacht, am Grenzübergang in langen Schlangen wartet, um nach Israel zum Arbeiten zu kommen, der penible Sicherheitskontrollen über sich ergehen lassen muss, zur Befragung und Überprüfung seiner Papiere angehalten wird, wenn er sich an einem öffentlichen Ort aufhält und Verdacht erregt, der auf Baustellen Häuser hochzieht, in denen Israelis wohnen werden, der ihre vollkommene Freiheit sieht, auf ihren Feldern Gemüse erntet oder Baumwolle pflückt und immer wieder von seinen Arbeitgebern übervorteilt wird, die genau wissen, er ist angewiesen auf den Hungerlohn, den sie ihm zahlen, und das Recht und die Sicherheitskräfte werden immer auf ihrer Seite sein. Und so geht es Jahr um Jahr.

Wenn du seine Geschichte nicht auch schreibst, hat es keinen Sinn, über Sderot zu schreiben.

(Und vielleicht gibt es auch ein detektivisches Rätsel, auf das du zufällig gestoßen bist und über

das niemand bereit ist, mit dir zu reden. Auch darauf verzichte nicht! Denn offenbar hielt sich während der Feuergefechte auch ein Mann im Polizeirevier auf, der nicht Polizeibeamter war. Zusammen mit den angegriffenen Polizisten flüchtete er sich aufs Dach des Gebäudes, kämpfte gegen die Terroristen und wurde verwundet. Bei den ersten Recherchegesprächen bezeichnen ihn die Polizisten noch als »der Zivilist«. Jemand, der an jenem Morgen aufs Revier gekommen war, um Anzeige zu erstatten? Und wenn ja – weswegen? Als du weitere Fragen zu diesem »Zivilisten« stellst und fragst, ob es möglich wäre, ihn zu treffen, sagt man dir, genau genommen sei er gar kein Zivilist, sondern arbeite für ein geheimes Sicherheitsorgan – geheimer noch als der SHABAK *–, weshalb du wohl kaum Aussicht hättest, mit ihm zu reden. »Und was hat er an dem Morgen auf dem Revier gemacht? Hing das mit seiner Arbeit zusammen?« Angeblich weiß niemand etwas. »Kennt ihr denn seinen Namen?« Schweigen. Klar aber ist: »Keiner der Beamten hätte eigentlich von seiner Existenz wissen oder ihn zu Gesicht bekommen dürfen, und keiner von ihnen wird ihm je wieder begegnen, im Leben nicht«, sagt dir noch einer der Polizisten.)*

*

Teureres Leben (1). 7.2.: Ein Artikel in der *Haaretz* schildert die Lage in Gaza: »380 000 Menschen im Gazastreifen befinden sich derzeit in einem Zustand der Unterernährung fünften Grades. Im Norden des Gazastreifens ist die Situation noch dramatischer. Der Preis für einen Sack Mehl, der vor dem Krieg bei 30 Schekel lag, schwankt jetzt zwischen 500 und 700 Schekel, kann aber auch 1000 Schekel erreichen. Ein Mann verkündet, er würde auch 1500 Schekel zahlen, wenn sich ihm nur die Gelegenheit böte. Eine Dose Thunfisch kauft er für 100 Schekel. Auch mehren sich Berichte, Menschen würden Gerichte auf Grundlage von Viehfutter zubereiten. In der sich verschärfenden Not werden Futtermittel zu Pitabroten gebacken. Auch bekunden viele Menschen, sie würden weder abgelaufene Lebensmittel noch die Reste anderer verschmähen. Die noch weniger vom Schicksal Begünstigten sind gezwungen, im Müll nach Essbarem zu suchen.«

Teureres Leben (2). 12.2.: Zwei israelische Entführungsopfer, Fernando Merman und Luis Har, werden in einer Kommandoaktion lebend aus einer Unterkunft im Flüchtlingslager Shabura im Süden des Gazastreifens befreit. Der *Haaretz* zufolge werden bei der von Spezialeinheiten durchgeführten Aktion mehr als einhundert Palästinenser getötet und Dutzende verletzt. Die Todesopfer seien zumeist Zivilisten, Frauen und Kinder. Auch zwei israelische Soldaten kommen an diesem Tag ums Leben, doch aus dem Bericht geht nicht klar hervor, ob im Verlauf der Befreiungsaktion oder bei einer anderen Militäroperation.

*

G'tt sprach nicht. Ich höre den ganzen Tag die Biografie Fanons und nehme seine Bücher wieder hervor – ich habe dem verantwortlichen Redakteur des Büchermagazins von *Haaretz* vorgeschlagen, ein Essay darüber zu schreiben, ein Angebot, das er begeistert aufgenommen hat, das ich jedoch bereits bereue –, aber früh am nächsten Morgen, als ich aufwache, bin ich wieder beim Buch Ezechiel, das ich seit Oktober nicht mehr aufgeschlagen habe, weil die Lektüre zu belastend war. (Mitunter vermischen sich in meinem Kopf Fanon und Ezechiel, reden mit einer prophetischen Stimme.)

In Abschnitt 22 werden die Vergehen aufgezählt, deretwegen Jerusalem, das bei dem Propheten »die Stadt, die in ihrer Mitte Blut vergießt« heißt, zerstört wird: Unrecht gegenüber Fremden (»tun den Fremdlingen Gewalt an gegen alles Recht«), Grausamkeit gegenüber Mittellosen und Armen (»das Volk des Landes übt Gewalt; sie rauben getrost und bedrücken die Armen und Elenden«), seine Führer sind korrupt und selbstsüchtig und opfern ihr eigenes Volk (»die Oberen in seiner Mitte sind wie reißende Wölfe, Blut zu vergießen und Menschen umzubringen um ihrer Habgier willen«), und allgemein werden Gewinn und Geld geheiligt (»du nimmst Zinsen und Aufschlag und suchst unrechten Gewinn an deinem Nächsten mit Gewalt«).

Niemand kommt bei dieser zornig anklagenden Suada ungeschoren davon. Weder die Führer des Volkes noch das Volk selbst. Auch nicht seine Intellektuellen und Denker, die es, anstatt die Wahrheit zu schreiben, mit Lügen abspeisen. (Haben sie vielleicht Fantasy-Romane geschrieben? Kriminalromane?): »Und seine Propheten streichen ihnen mit Tünche darüber, haben Truggesichte und wahrsagen ihnen Lügen; sie sagen: ›So spricht Gott der HERR‹, wo doch der HERR gar nicht geredet hat.«

*

Mit offenen Augen leben. Freitag. Vor dem Abendessen zum Schabbat gehe ich noch einmal mit Muna vor die Tür und schlage Benjamin vor mitzukommen, und zu meiner Überraschung willigt er ein. Der Park ist leer und dunkel, sodass wir Muna von der Leine lassen können, damit sie vergeblich hinter Schakalen herjagen kann, die gegen Abend aus dem Uferdickicht am Fluss kommen, hinter Straßenkatzen, die auf der Suche nach Essensresten sind, und Wildgänsen, die auf ihrem Zug gen Norden hier Rast machen. Vor wenigen Wochen hatten wir geschwankt, ob wir in den Abendstunden überhaupt in den Park sollen: Es gibt dort keine Schutzräume, in die man sich bei Luftalarm flüchten kann, und wenn die Sirenen losgingen – fast immer gegen acht oder neun Uhr abends, während unserer Runde mit Muna –, waren Martha und ich in kopfloser Suche nach irgendeiner Deckung losgerannt und hatten in aller Regel nichts gefunden.

Wir gehen wortlos nebeneinander her, bis ich das Schweigen breche. »Also, worüber wollen wir reden, über Sport oder über das Leben?«, frage ich. (Die Frage hat sich in meinem Kopf wie von alleine formuliert, vor ein paar Tagen, in dem Moment, als ich beschloss, dass wir reden müssen.) Benjamin lächelt, ist vielleicht überrascht von meiner Direktheit. »Wir können reden, worüber du möchtest.«

»Denkst du schon manchmal an die Armee?«

»Nein.«

»Aber du weißt, das ist nicht mehr lange hin,

oder? In einigen Monaten, wenn du mit der elften Klasse anfängst, bekommst du vermutlich einen Erstbefehl und musst zum Rekrutierungsamt und sagen, was du machen willst. Denkst du darüber überhaupt nicht nach?«

Nein, wiederholt er. Auch mit seinen Kameraden aus dem Basketballteam oder den Jungs aus seiner Klasse redet er nicht über die Musterung. Er fragt: »Hast du denn über die Armee nachgedacht, bevor du einberufen wurdest?«

Ich erzähle ihm, wie es bei mir war. Ich hatte Angst vor der Einberufung, habe sogar Gedichte über die Angst geschrieben (»Ich war damals Lyriker, habe in Cholon den Wettbewerb ›Der junge Dichter‹ gewonnen, mit einem Gedicht, das die Angst vor der Armee beschreibt, wenn ich mich richtig erinnere.«) Aber ich hatte auch Angst, nicht zur Armee zu gehen, hatte das Gefühl, keine Wahl zu haben. Alle wurden ja gemustert. Dann kamen der Einberufungstag selbst, die schweren Wochen der Grundausbildung auf einer Armeebasis in den besetzten Gebieten, die Woche im Gefängnis von Megiddo und schließlich die Entscheidung, mich vom Armeedienst befreien zu lassen – komme, was wolle. Die Sitzungen mit dem Armeepsychiater, die Unterstützung meines Vaters (trotz seiner Liebe für die israelische Armee), die Tränen und das Flehen meiner Mutter, der Tag der Entlassung, die Schuldgefühle. Und die Einsamkeit. Meine Freunde dienten für drei ganze Jahre, während ich auf dem Bau arbeitete, mit Palästinensern aus Gaza und einem ehemaligen Oberstleutnant der Roten Armee, der im Alter von fünfzig aus Moskau nach Israel gekommen war und keine andere Arbeit fand. Und dann fing ich an, an der Universität Literatur zu studieren. (Und noch ein Bild, das aus der Erinnerungsschublade aufploppt: Ein regnerischer Wintermorgen in der Sheinkin-Straße in Tel Aviv. Wir schleppen schwere Zementsäcke ins oberste Stockwerk des Gebäudes, das wir hochziehen, als die Meldung von einem Selbstmordattentat in der Dizengoff-Straße kommt. Die Arbeiter aus Gaza organisieren sich in Windeseile, packen ihr Werkzeug zusammen, steigen in den Kleinbus unseres Subunternehmers und flüchten nach Gaza, um nicht unter dem Verdacht, an dem Attentat beteiligt gewesen zu sein, festgenommen oder auf der Straße angegriffen zu werden.)

»Aber weißt du denn schon, was du machen willst? Willst du überhaupt zur Armee?«

Er antwortet nicht. Weiß es tatsächlich nicht. »Das ist doch Pflicht, oder?«, fragt er, und in seinen Augen spiegeln sich die Verlegenheit, die Verwirrung und Furcht eines fast sechzehnjährigen Jugendlichen. *(Und vielleicht übertreibst du ja auch? Vielleicht ist er anders als du? Du bist ja noch nicht einmal sicher, ob ihr wie Vater und Sohn ausseht, wenn er so neben dir hergeht, mehr als einen Kopf größer als du, mit seiner wilden Lockenpracht und dem kleinen Oberlippenbärtchen, das er sich noch weigert abzurasieren.)* Ich will ihm nichts aufzwingen, will ihn zu nichts überreden, nur hören, wie es ihm geht. »Du bist ein gesunder, starker Junge«, fahre ich fort. »Und wenn du zur Musterung kommst und nicht weißt, was du in der Armee machen willst, stehen die Chancen gut, dass du dich in einer Kampfeinheit wiederfindest – und dann, ein paar Monate später, in Gaza oder auf der Westbank kämpfst.«

Benjamin sagt kein Wort mehr, vielleicht, weil er sich eine solche Zukunft nicht vorstellen kann oder es vielleicht auch nicht will, und ich schaue ihn weiter an und beschließe, für ein erstes Gespräch ist das genug. Ich will ihm keine Angst einjagen, will nur, dass wir beide weiter mit unverstelltem Blick miteinander reden, zumindest gelegentlich. Ich frage: »Und was wird jetzt aus der Saison von United?«

28.2., eine Schreckensnacht in Gaza. Mehr als einhundert Zivilisten kommen im Norden des Gazastreifens ums Leben, beim Versuch, an Lebensmittel zu gelangen, die von den Lastwagen der Hilfskonvois ins Kriegsgebiet geschafft wurden. Die israelische Armee bestreitet, dass die meisten der Menschen durch die Kugeln unserer Soldaten, die um ihr eigenes Leben fürchteten, getötet wurden, und behauptet stattdessen, sie seien durch die Fahrer der LKWs überrollt worden, die angesichts der auf sie zustürmenden Menschenmenge in Panik geraten seien. Als hätten wir, selbst wenn die hungernden Menschen nicht durch Kugeln aus israelischen Gewehren zu Tode gekommen sind, nichts mit dem Hunger zu tun, der sie hat auf die Lastwagen zu und in ihren Tod rennen lassen. (Die Palästinenser bezeichnen das Blutbad als »Mehlsackmassaker«. In ausländischen Zeitungen lese ich, unter den Toten seien viele Halbwüchsige und junge Männer, die versucht hatten, Mehl für ihre Familien zu beschaffen.)

2.3.: Am Abend des Schabbats gehe ich, vielleicht wegen der Schreckensnacht in Gaza, zu der Demonstration im Stadtzentrum, nachdem ich mehrere Wochen nicht hingegangen bin. Genau genommen handelt es sich gleich um mehrere Demonstrationen, wie sie an jedem Schabbat stattfinden, und nicht um eine einzige. Die große Demonstration ist die der Organisationen, die den Protest gegen die Regierung anführen. Hier sind etliche Tausend Menschen, Hunderte von Israelflaggen und viele Soldaten, ehemalige und noch aktive, die Nationalhymne *HaTikwa* wird gesungen, und Rufe nach einer sofortigen Freilassung der Geiseln erschallen, doch nicht ein Wort gegen die Besatzung ist zu hören, nur gegen Benjamin Netanjahu. Ganz am Rande findet eine kleine Demonstration der altehrwürdigen Linksorganisationen statt, der jüdisch-arabischen Listen und dessen, was früher mal die Kommunistische Partei war. Die Gesichter der nicht eben zahlreichen Teilnehmenden sind mir bekannt von vielen Demonstrationen der Vergangenheit, aus den Jahren bei der *Haaretz,* den Fluren der Universität und vom Markt. Wir alle sind älter geworden, aber die Schilder und Banner, die zu einem Stopp des Krieges, einer Beendigung der Besatzung und Gleichberechtigung zwischen Israelis und Palästinensern aufrufen, sind nicht gealtert. Die Blicke, die wir tauschen, machen Mut. Trotz allem, die Augen sind noch nicht erloschen, der Glaube noch am Leben. In der Parallelstraße findet eine dritte, apolitische Demonstration statt: Die Familien der Geiseln flehen um deren Leben, wollen sie endlich wieder zu Hause sehen.

3.3., früh aufgewacht. Mache ich einen Fehler, wenn ich Benjamin unumwundener meine Meinung sage? Ich bin so sehr darauf bedacht, seine

Entscheidungsfreiheit, wer er sein will, nicht zu verletzen, dass ich mir nicht gestatte, ihm ganz klar zu sagen: In etwas mehr als zwei Jahren könnte er womöglich Teil einer Maschinerie sein, die tagtäglich die Freiheit anderer verletzt.

*

Gedanken zu einem Essay über die Biografie Fanons. *Beginnen musst du mit dem Zeitpunkt der Lektüre: Fanon während dieses Krieges erneut zu lesen ist nicht leicht – aber essenziell und Gedanken anregend. Seine Biografie verlangt uns ab, uns mit der Frage der Gewalt auseinanderzusetzen oder das Nachdenken darüber zu erweitern. Wir sind erschüttert von der Gewalt der Ereignisse des 7. Oktobers, sind an Leib und Seele vernarbt – wie sollen wir da Fanon zuhören, der erklärt, ein Kampf um nationale Befreiung sei unmöglich ohne mörderische Gewalt: »Denn wenn die Letzten die Ersten sein sollen, so kann das nur als Folge eines entscheidenden und tödlichen Zusammenstoßes der beiden Protagonisten geschehen. Dieser ausdrückliche Wille, die Letzten an die Spitze rücken zu lassen […] kann nur siegen, wenn man alle Mittel, die Gewalt natürlich eingeschlossen, in die Waagschale wirft.« (›Die Verdammten dieser Erde‹) Aber die* *erneute Lektüre von Fanons Werk macht es ebenso unmöglich, weiter die systematische – offenkundige und versteckte – Gewalt des Besatzers zu ignorieren wie die Gewalt des Okkupierten zu verstehen als einen Versuch, sich davon zu befreien. Können wir seine Stimme jetzt überhaupt hören, da es uns schwerfällt, den »Kontext« des 7. Oktobers und des Kriegs in Gaza anzuerkennen (die Okkupation nämlich und die jahrzehntelange Herrschaft über die Palästinenser)? Wie kann man seine zürnende Prophetie anhören, ohne Verzweiflung und Resignation zu erliegen? (Und noch ein Gedanke: Auch der jüdische Kampf um nationale Befreiung ging ja einher mit dem Einsatz von Gewalt, aber aufgrund der historischen Umstände wandte sich diese Gewalt nicht gegen diejenigen, die Juden jahrhundertelang unterdrückt und gemordet hatten – gegen Europa mithin –, sondern gegen einen anderen Feind. Kann es also sein, dass dies eine »transponierte Gewalt« war, eine Gewalt, »die unerfüllt blieb«?)*

Und du musst auch über Fanons Nähe zu den Juden schreiben, über seine Hellhörigkeit, was jeglichen Antisemitismus anbetraf (obgleich seine erste Liebe eine junge Jüdin aus Lyon war, deren Eltern von ihr verlangt hatten, sich von ihm zu trennen, wegen seiner Hautfarbe); über die Juden aus Algerien und Tunesien, die zu seinen Kampfgenossen in Nordafrika wurden (ein bedeutender historischer und kultureller Moment, in dem Verbundenheit zwischen Judentum und Islam herrschte – und nicht Feindschaft). Und du musst über Fanon schreiben als den empathischen, revolutionären Therapeuten, den Psychiater mit tiefem Verständnis von Psychoanalyse, der den Einfluss des Kriegs auf die menschliche Psyche beschrieb. Er behandelte algerische Männer, gepeinigt von Schuldgefühlen, weil sie französische Zivilisten umgebracht hatten, und französische Offiziere, die auf der Straße Algeriern begegneten, die sie zuvor in ihren Verhörkellern gefoltert hatten. Und auch über seinen Stil musst du schreiben: Fanon schrieb nicht selbst, sondern diktierte seiner Sekretärin Marie-Jeanne Manuellan seine Texte, verkündete sie mit lauter Stimme wie ein Volksdichter. (Eine schöne Einschätzung seines Biografen: Fanon sei ein Meister des »spoken word« gewesen.)

Eine wichtige Frage zum Ende des Essays: Sollst du das finstere Bild noch zuspitzen, das sich aus Fanons Schriften ergibt – der Krieg wird nicht enden, ehe der Okkupierte sich nicht von der Macht, der er unterworfen ist, befreit hat, und es wird ein blutiger und grausamer Krieg sein, verheerend für beide Seiten? Oder solltest du dein Essay besser im Gegenteil mit einem Anklang von Hoffnung enden lassen? Wenn ja, könntest du zum Universalismus der letzten Zeilen von Schwarze Haut, weiße Masken *zurückkehren, zu dem Glauben an die Freiheit des Menschen, sein eigenes Schicksal zu verändern: »Nur durch eine Anstrengung des Neubeginns und der Selbstprüfung, durch eine ständige Anspannung ihrer Freiheit kann es den Menschen gelingen, die idealen Lebensbedingungen für eine menschliche Welt zu erschaffen. […] Warum nicht einfach versuchen, den Anderen zu berühren, den Anderen zu fühlen, sich gegenseitig zu ergründen? Ist mir meine Freiheit denn nicht gegeben, um eine Welt des ›Du‹ zu errichten? […] Mein letztes Gebet: O mein Leib, sorge dafür, dass ich immer ein Mensch bin, der fragt!«*

(Und noch eine Frage: Wenn du schon beschlossen hast, diesen Essay zu schreiben und ihn zu veröffentlichen, trotz all der »Jäger«. Warum soll dann dieses Tagebuch hier nicht auf Hebräisch erscheinen?)

*

Briefe vom Oktober 1993. Freitagabend. Abendessen bei meiner Mutter in Cholon, nachdem Martha und ich unmittelbar zuvor im Kino den Spielfilm *The Zone of Interest* gesehen haben, über das beschauliche Leben der Familie des Lagerkommandanten Höß auf einem Grundstück, das direkt an die Mauer zum Vernichtungslager Auschwitz angrenzt. Gedanken beschäftigen mich über das Leben hinter einem Zaun, oder einer Mauer, über die menschliche Fähigkeit, ein scheinbar normales, alltägliches Leben im Kriegsgebiet zu führen (»Bloß kein Vergleich!«). Meine Mutter hat ein mexikanisches Abendessen zubereitet: Tortillas, Chili con Carne, Tomatensalat. Nur, wo ist der Reis, und warum gibt es keine Guacamole? Nach dem Essen nimmt Sarah Ariels Töchter zum Spielen mit ins Nebenzimmer, und wir bleiben allein im Wohnzimmer zurück, in kleiner, schweigsamer Runde, nur meine Mutter, mein Bruder Ariel, Martha und ich (Yael und Amitai sind heute Abend nicht dabei, und auch Ariels Frau Michal ist zu Hause geblieben). Als hätte sie meine Gedanken der letzten Tage gelesen, fragt meine Mutter, wie es Benjamin geht, der wie üblich nicht mitgekommen ist, und ob er schon über die Armee spricht. Ich erzähle ihr nicht von unserem Gespräch im Park, und Martha verneint, mit uns zumindest rede er nicht darüber, und fragt dann meine Mutter: »Erinnerst du dich noch an Drors Zeit in der Armee?«

Ich verkrampfe. Schwanke, ob ich auf den Balkon flüchten soll. Sicher erinnert sich meine Mutter. »Das war ein echtes Trauma«, seufzt sie, und ich frage sofort: »Für wen?« (Natürlich ist klar, sie meint ihr eigenes Trauma.) Martha möchte mehr darüber hören, und ich bleibe im Wohnzimmer sitzen, lausche den Erinnerungen meiner Mutter. Sie wäre nie auf den Gedanken gekommen, dass es für mich schwer werden würde, sagt sie. Bevor ich eingezogen wurde, war sie sicher, ich würde ein Vorzeigesoldat sein. »Er war immer gut in allem, was er gemacht hat.« (Und ich denke: Wie kann es sein, dass du nie auf den Gedanken gekommen bist? Ich habe doch Gedichte über meine Angst vor der Einberufung geschrieben. Aber ich denke auch: Meine Mutter hat heute Abend etwas Sanfteres an sich, etwas beinahe Offenes. Vielleicht, weil wir nur so wenige sind und sie wegen des Essens weniger angespannt ist? Mir scheint, deshalb kann ich ihr auch weiter zuhören.)

»Die Telefongespräche mit ihm aus der Armeebasis werde ich nie vergessen, immer morgens um vier.« Sie kramt weiter in ihren Erinnerungen. »Das war schrecklich. Und die unglücklichen Briefe, die er mir geschrieben hat … Möchtest du sie sehen?«

Die Briefe, die du im September und Oktober 1993 geschrieben hast, lagern in einer Plastiktüte verpackt in einer der Schubladen ihres Schlafzim-

mers. Mit Kugelschreiber auf grünem Briefpapier geschrieben, wie du es seit dreißig Jahren nicht mehr gesehen hast, in der gedrängten, drängenden Handschrift, die noch immer die deine ist. Du wusstest, dass es sie noch gibt, aber du hättest dir nie träumen lassen, sie noch mal zu Gesicht zu bekommen oder zu lesen.

Du willst sie Martha vorlesen, doch die ersten Zeilen, auf die du stößt, erschüttern dich, und du bereust, die Tüte geöffnet zu haben. »Der eigentliche Grund, warum ich hier in der Armee bin, trotz meiner Einsamkeit und Traurigkeit, ist, dass ich eine Verpflichtung empfinde, dies für euch zu tun. Ich bin nicht für euch zur Schule gegangen, weiß nicht, ob ich überhaupt schon mal etwas aus diesem Gefühl heraus getan habe, aber jetzt habe ich dieses Gefühl, dass ich euch das schuldig bin. Um euch nicht zu enttäuschen, euch nicht traurig zu machen.« (Was genau erschüttert dich an diesen Zeilen? Vielleicht die Offenheit, mit der du an deine Eltern schreibst, eine Offenheit, zu der du nicht mehr fähig bist? Oder die Ehrlichkeit, mit der du deine emotionale Abhängigkeit von ihnen offenbarst, die du seither zu leugnen suchst? Oder vielleicht ja der Glaube, sie wollten und könnten dich verstehen?)

Martha möchte die Briefe lesen, aber du bittest darum, sie fürs Erste für dich behalten zu dürfen.

Nimm sie mit nach Hause, und versteck sie dort. Oder auch nicht – vielleicht wirst du sie ja eines Tages öffnen?

Auf dem Nachhauseweg ist Martha schweigsam, offenbar bedrückt sie etwas. Als ich frage, ob etwas nicht stimmt, sagt sie: »Deine Mutter.«

»Du meinst das Gespräch über die Armee?«, frage ich, und sie antwortet: »Nein. Ist dir nicht aufgefallen, dass sie verwirrt war? Sie hat die Kartoffeln vergessen, die sie im Ofen hatte, und hat nicht mehr gewusst, dass sie Avocados für das Guacamole gekauft hatte. Hast du nicht bemerkt, dass etwas nicht mit ihr stimmt?«

(In der Nacht wirst du trotz allem die Briefe öffnen und sie lesen. Alle sind zwischen August und Oktober geschrieben und einer auf den 7. Oktober 1993 datiert. Dreißig Jahre vorher, auf den Tag genau.)

»Der Ausblick vom Stützpunkt ist atemberaubend schön. Unberührte bergige, felsige Landschaft. Der Gedanke ist so traurig, dass weder wir noch die Araber sie genießen können. Wir sind nur hier, um Wache zu schieben, machen keine Ausflüge, aus Angst vor Anschlägen, und den Arabern ist es verboten, sich hier frei zu bewegen. Was für eine Vergeudung von Leben, von Schönheit, von Natur. Genauso, wie ich hier vergeudet werde.

Aber für mich besteht vielleicht noch Hoffnung. Für Samaria aber, so will mir scheinen, nicht mehr.«

...

»Ich will dir von mir selbst erzählen, wie ich noch nie erzählt habe. Die letzten zwei Jahre habe ich in Einsamkeit verbracht, mit vielen Schmerzen, die zum Teil von außen zu sehen waren und zum Teil nicht. Ich habe sie für ›Gestaltwerdungsschmerzen‹ gehalten, wie die, die man in Horrorfilmen sieht, das schmerzhafte Zucken von Kreaturen, bis sie ihre endgültige Gestalt erhalten. Heute aber scheint mir, ich habe mich geirrt. Die Prägung, oder zumindest der größte Teil davon (was aber, wenn der Mensch sich jeden Tag weiter ausformt, bis zum Tod?), ist ja abgeschlossen – doch die Traurigkeit bleibt.«

...

»Ich habe heute in der Unterrichtsstunde ein paar Bemerkungen gemacht, die unseren Befehlshaber sehr verärgert haben. Wir haben etwas über die Region Samaria gelernt, in der unser Stützpunkt liegt. Als die Ausbilderin fragte, wer weiß, warum Samaria, früher eine der am stärksten bewaldeten Regionen des ganzen Landes, heute fast vollkom-

men kahl und baumlos ist, habe ich geantwortet, das komme bestimmt daher, dass die Armee alle Bäume ausgerissen hat. (Was, stimmt das etwa nicht?) Und als sie gefragt hat, was die drei Siedlungsformen sind, in denen Araber in den besetzten Gebieten leben, hat ein Soldat ›Stadt‹ geantwortet, ein anderer ›Dorf‹, und ich habe aufgezeigt und gesagt: ›Gefängnis.‹«

...

»Es tut mir leid, dass ich euch so viel Kummer bereitet habe seit meiner Einberufung. Dennoch wart ihr fantastisch. Ich denke, das ist das Wunderbarste, was ihr mir geschenkt habt, ihr beide gemeinsam. Hoffentlich besteht das fort, auch in weniger schweren Zeiten (die hoffentlich kommen werden), und zwar aus beiden Richtungen. Danke, Dror.«

*

Ezechiel – das Ende. Heute Morgen bin ich vor fünf aufgewacht. Die Morgen sind noch kühl, aber das Ende des Winters ist in den immer kürzeren Nächten und dem zu frühen Radau der Vögel in der Schonung vor meinem Fenster abzusehen. Ich bin raus aus dem Schlafzimmer – Muna lag eingerollt auf ihrer Matte im Flur, vor der Bücherwand, mit geschlossenen Augen. Auch Benjamin schlief tief und fest, aber unter der Tür von Sarahs Zimmer war schon ein Lichtstreif. In den letzten Wochen (oder genau genommen seit Beginn des Kriegs?) geht sie am frühen Abend schlafen und lässt sich von ihrem Wecker mitten in der Nacht wecken – gegen drei, manchmal vier Uhr morgens. Ich denke, vielleicht steht sie auf, um auf uns alle aufzupassen, damit jemand wach ist, falls etwas passiert, aber dann fällt mir ein, auch ich bin in ihrem Alter um diese Uhrzeit aufgewacht, um allein zu sein, wenn alle anderen noch schliefen. Möglich, dass ich in diesen Stunden damals sogar meine ersten Gedichte geschrieben habe. (Ariel und ich teilten uns ein Zimmer; ist er nie wach geworden, wenn ich aus dem Bett stieg, die Neonröhre anschaltete und mich an den Schreibtisch setzte?)

Ich klopfe an Sarahs Tür, und sie antwortet mit einem fast unhörbaren »Ja«. Mir scheint, sie lässt etwas in der Schublade ihres Schreibtischs verschwinden, während ich die Tür aufdrücke. Normalerweise halte ich hier inne, verharre auf der Türschwelle, aber jetzt setze ich mich auf ihr Bett. Sie fragt, warum ich so früh auf bin, und ich sage, ich hätte Arbeit, müsse ein Manuskript abliefern.

»Das Kriegstagebuch?«

Ja. Aber sie hütet sich zu fragen, was genau ich schreibe, und ob auch sie darin vorkommt.

»Erinnerst du dich noch an die ersten Tage des Kriegs?«

Natürlich. Sie war ja die Erste, die am 7. Oktober von dem Luftalarm aufgewacht ist. »Aber wir haben nicht begriffen, was los ist, es hat einfach nicht mehr aufgehört, und Mama hat gesagt, kann sein, dass irgendwas mit den Sirenen kaputt ist. Erst eine Stunde später haben wir dann die ersten Videos gesehen und haben dich angerufen.« Ich war ja in Toulouse. Den größten Teil dieses Schwarzen Schabbats hat sie im Schutzraum verbracht, hat mit ihren Freundinnen gechattet. In den ersten Stunden war die Frage, die sie am meisten beschäftigte, ob denn am nächsten Tag der Unterricht stattfinden würde.

»Sei ehrlich, Sarah, hast du dir damals alle Videos angeschaut? Auch die furchtbarsten?«

Ja, jetzt rückt sie raus damit, was sie die ganze Zeit verschwiegen hat. Sie hat alles gesehen, einschließlich brutaler Morde vor laufender Kamera. Nur Vergewaltigungen nicht, das hat sie vermieden.

»Und denkst du noch daran? Träumst du davon?«

Nein.

»Sicher?«

Ja.

»Hast du noch immer solche Angst wie in den ersten Tagen, als du nicht aus dem Haus wolltest?«

Jetzt nicht mehr, sagt sie, und mir scheint, ihr Gesicht wird ernst dabei, als lege sie eine Maske von Taffheit an oder Distanz. Es gebe nichts mehr, wovor sie Angst haben müsse.

»Aber du weißt, dass der Krieg noch nicht vorbei ist, oder?«

Sicher weiß sie das. Aber hier ist er vorbei.

Ich spüre, sie ist bereit zu einer erbitterten Debatte, trotz der frühen Stunde und der Nachsicht, die ich mir für unser Gespräch wünsche. Ich will nicht diskutieren, habe nicht deshalb an die Tür ihres Zimmers geklopft, dennoch sage ich: »Stimmt, hier ist er vorbei. Aber in Gaza dauert er an, und du siehst ja, was dort passiert, oder? Denkst du noch immer, es war richtig zu tun, was wir jetzt dort machen?«

Ganz klar, sagt sie sofort. Und was denkst du, hätten wir tun sollen nach jenem Schabbat? Etwa gar nichts?

Ich beschließe, erst mal nicht am Kriegstagebuch weiterzuschreiben, und trolle mich wieder ins Schlafzimmer. Martha schläft, ihr Gesicht entspannt und still, vor einem weiteren Tag in Yad Vashem. (Gestern Abend hat sie mir erzählt, sie schreibe gerade über einen wirklich außergewöhnlichen Transport: eine Gruppe jüdischer Häftlinge, die im Vernichtungslager Bełżec gearbeitet hatten, wurde nach der Schließung des Lagers nach Sobibor deportiert. Da sie die Wahrheit darüber, was in den Lagern geschah, kannten, schrieben sie unterwegs Zettel und kurze Tagebuchnotizen, in der Hoffnung, wer diese in ihren Kleidern fände, würde die Wahrheit über das Massenmorden erfahren. Und tatsächlich gelangten die Zettelchen in die Hände der Häftlinge, die sie – oder vielmehr ihre Leichen – in Sobibor in Empfang nahmen, und sollten offenbar entscheidend zum berühmten Häftlingsaufstand in Sobibor und dem Ausbruchversuch aus dem Lager im Oktober 1943 beitragen.)

Ich schlüpfe wieder ins Bett und öffne auf dem iPad das Buch Ezechiel, diesmal in der Hoffnung, davon ermutigt zu werden. Denn ich entsinne mich, in den letzten Abschnitten des Buches findet sich so etwas wie Trost. Nach den Untergangsprophezeiungen folgt die Vision vom Tal der trockenen Knochen. Gott verspricht, er werde Israel wieder in sein Land führen, doch von Ezechiel verlangt er, die eschatologische Prophezeiung am eigenen Leib zu erfahren. Der Prophet soll sich in einer Talsenke voller gebleichter, trockener Gebeine wiederfinden, soll mitansehen, wie diese sich verbinden und mit Sehnen und Fleisch überzogen und mit Haut bedeckt werden. In Abschnitt 36 entdecke ich einige wunderschöne Verse, die ich mit dem Bleistift in mein Heft kopiere, um sie Martha vorzulesen, wenn sie aufwacht: »Und ich will euch ein neues Herz und einen neuen Geist in euch geben und will das steinerne Herz aus eurem Fleisch wegnehmen und euch ein fleischernes Herz geben.«

Was ich aber nicht mehr in Erinnerung hatte: Nach dem Erlösungsversprechen und der Rückkehr ins Land Israel folgt ein weiterer Krieg. Und nicht irgendein Krieg – sondern der grausamste und blutigste überhaupt. Gott verleitet Gog, den im Lande Magog residierenden Fürsten von Meschech und Tubal, das Land Israel zu erobern. Doch als Gog mit einem gewaltigen Heer nach Israel einmarschiert, trifft ihn der Zorn Gottes, der ein Erdbeben und andere Naturkatastrophen über Gog und dessen Truppen bringt. Die Zahl der Toten in diesem Krieg ist derart gewaltig, dass die Israeliten noch viele Jahre lang die von den toten Soldaten hinterlassenen Waffen als Feuerholz benutzen werden, während alle Tiere des Landes sich von den Leichen nähren. (Eine Szene von grausigem Rollenwechsel: Gott ruft alle Tiere zusammen und lädt sie ein, sich an den Leichnamen der

Menschen gütlich zu tun.) Ziel des Krieges und der Naturkatastrophen, die Gogs Heere vernichten, ist, aller Welt den erneuerten Bund zwischen Gott und dem Volk Israel vor Augen zu führen. Gott wird nicht länger sein Antlitz vor Israel verbergen – und auch nicht vor den Gojim.

»Und ich will mein Angesicht nicht mehr vor ihnen verbergen; denn ich habe meinen Geist über das Haus Israel ausgegossen, spricht Gott der HERR.«

(Ein paar Stunden später notiere ich mit Bleistift einen Gedanken in meinem Heft, der mich ängstigt: *Vielleicht ist die Bibel, in der du jetzt jeden Morgen liest, Teil des Problems? Warum ist Gott auf ein solches Gemetzel angewiesen, um sein Angesicht zu zeigen? Hat er keine anderen Wege, sich uns zu offenbaren?)*

Ein kurzer Epilog

Das Tagebuch hat er nicht weitergeführt. Der Frühling kam und mit ihm die ersten schwülen Hitzetage – mehr als vierzig Grad, auf dem Motorrad versengte der heiße Fahrtwind seine nackten Arme wie mit Feuerzungen –, und der Krieg dauerte an. Vor allem im Fernsehen. Eines Nachts, gegen 23:00 Uhr, kam die Meldung, aus dem Iran seien Hunderte von Raketen, Drohnen und Marschflugkörpern abgefeuert worden, die in diesem Augenblick am dunklen Nachhimmel über dem Nahen Osten zögen und in einigen Stunden auf Israel niedergehen würden, genau wie sein Bruder es vorhergesagt hatte. Was macht man, während man darauf wartet, dass Hunderte von Raketen einschlagen, fragte er sich. Er begann, ein Buch zu lesen – und schlief darüber ein. In den darauffolgenden Tagen wartete er auf Israels Reaktion, versuchte zu erraten, wann sie kommen und ob sie den Beginn der Apokalypse einleiten würde. Am Ende aber fiel die Antwort »verhältnismäßig«

aus, und die Apokalypse wurde noch einmal aufgeschoben. Von Zeit zu Zeit erwog er, weiter an seinem Kriegstagebuch zu schreiben, aber jetzt, da das Manuskript an den Verlag gegangen und bereits ins Deutsche übersetzt war, wusste er, niemand würde mehr lesen, was er schrieb. Und so ließ er es sein. Bevor das Buch in Druck ging, als der Verlag ihn bat, von den darin vorkommenden Personen schriftliche Einverständniserklärungen einzuholen, rief er seine Mutter an, die ihm sofort sagte: »Bevor ich es gelesen habe, unterschreibe ich gar nichts.« War es vielleicht das, was ihn dazu brachte, doch wieder an seinem eigentlich schon aufgegebenen Roman weiterzuschreiben? Und auch die wöchentlichen Sitzungen mit R. wieder aufzunehmen, die er eines Abends auf einer Demonstration für die Beendigung des Kriegs antraf. Als er sie dort zufällig sah, außerhalb ihrer Praxis, langsamen Schritts, ein Schild in der Hand mit der Forderung, dem Sterben ein Ende zu machen, da erschien sie ihm alt, viel älter, als er sie in Erinnerung hatte, und er musste unwillkürlich an sein eigenes Alter denken und daran, dass auch er im vergangenen Jahr gewiss um einiges gealtert war. (Dabei fiel ihm die Schlussszene eines seiner Lieblingsfilme ein, Truffauts *Zwei Mädchen aus Wales und die Liebe zum Kontinent*: Der Held des Films streift durch das Rodin-Museum in Paris, wie hypnotisiert von der unvergänglichen Schönheit der Statuen. Als er das Museum verlässt, inmitten einer Gruppe von Schülerinnen, betrachtet er sein Gesicht, das sich in einem Autofenster spiegelt, und sagt sich: »Was ist mit mir? Ich sehe so alt aus.«) Und jetzt, der Krieg ist noch immer nicht beendet, sitzt er wahrscheinlich in seinem Büro, versucht weiterzuschreiben, steckt sich vielleicht eine Zigarette an und drückt sie gleich wieder aus, blickt aus dem Fenster auf die verlassene Ruine nebenan, kämpft gegen die Verzweiflung an, fragt sich, ob es jetzt überhaupt noch einen Sinn hat, sich mit Literatur zu beschäftigen, und findet keine andere Antwort als: Ja.

Zitatnachweis

Alle Zitate aus der Bibel folgen der Luther-Bibel 1984, mit Ausnahme des Zitats aus dem Buch der Richter, S. 145, das aus der Version von 1912 stammt, und der Zitate aus dem Buch Ezechiel S. 187f., die der Version von 2017 folgen.

Alle Zitate aus Homers *Ilias* entstammen der Übersetzung von Johann Heinrich Voß von 1793.

S. 38: Zitat von Joseph Roth aus: *Die Flucht ohne Ende* (Vorwort des Verfassers). Diogenes Verlag, Zürich 2010

S. 38f.: Zitat von Natalia Ginzburg aus: *Des Menschen Sohn*. Aus: *Die kleinen Tugenden.* A. d. Ital. Maja Pflug, Alice Vollenweider, Hedwig Kehrli. © 2001, 2016, 2020 Verlag Klaus Wagenbach, Berlin. Abdruck mit freundlicher Genehmigung.

S. 85: Zitat von Stefan Zweig aus: *Die Welt von gestern.* S. Fischer, Frankfurt a. M. 2020

S. 143: Das Zitat aus dem *Midrasch Tanchuma* (Paraschat BeSchalach, 15, Siman 12) wurde von Markus Lemke übersetzt.

S. 144: Zitat von Italo Calvino aus: *Warum Klassiker*

lesen? Aus dem Italienischen von Susanne Schoop. S. Fischer, Frankfurt a. M. 2013

S. 186: Das Zitat aus dem Artikel ›A tuna can for 100 shekels. Pita bread baked from animals food‹ von Hanin Majadli aus der *Haaretz*, Tel Aviv, vom 7. 2. 2024 wurde von Markus Lemke übersetzt.

S. 195: Zitat aus Frantz Fanon: *Die Verdammten dieser Erde*. Aus dem Französischen von Traugott König. Vorwort von Jean-Paul Sartre. Suhrkamp, Frankfurt a. M. 1981; auf S. 198 aus ders.: *Schwarze Haut, weiße Masken*. Aus dem Französischen von Eva Moldenhauer. Syndikat, Frankfurt am Main 1980

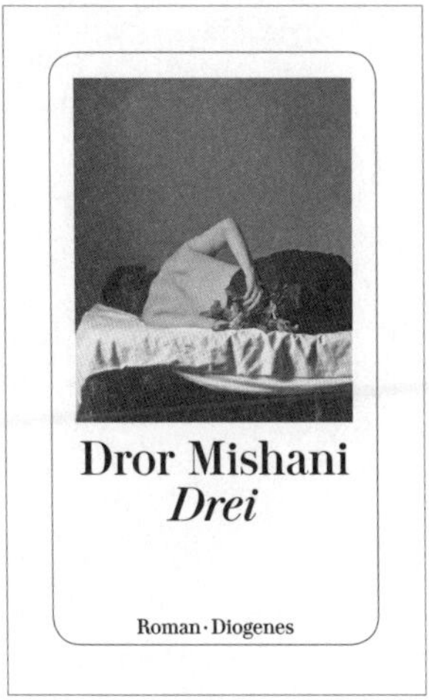

Roman
Aus dem Hebräischen von Markus Lemke
336 Seiten
Auch erhältlich als eBook, Hörbuch und Hörbuch-Download

Eine Frau sucht ein wenig Trost, nachdem ihr Mann sie und ihren Sohn verlassen hat. Eine zweite Frau sucht nach einem Zuhause und nach einem Zeichen von Gott, dass sie auf dem richtigen Weg ist. Eine dritte Frau sucht etwas ganz anderes. Sie alle finden denselben Mann. Es gibt vieles, was sie nicht über ihn wissen, denn er sagt ihnen nicht die Wahrheit. Aber auch er weiß nicht alles über sie.

Roman
Aus dem Hebräischen von Markus Lemke
352 Seiten
Auch erhältlich als eBook, Hörbuch und Hörbuch-Download

In einem Vorort von Tel Aviv wird vor einem Krankenhaus ein Neugeborenes gefunden. Am selben Tag verschwindet ein Tourist und lässt sein Gepäck im Hotelzimmer zurück. Inspektor Avi Avraham hat genug von Bagatellfällen und häuslichen Dramen. Deshalb stürzt er sich gleich in den rätselhaften Vermisstenfall. Doch bald merkt er, dass auch das Private Sprengstoff birgt – und gerät in ein Labyrinth aus Gewalt und Täuschung, das ihn bis nach Paris führt und nicht nur mit dem Mossad in Konflikt bringt.

Roman
Aus dem Hebräischen von Ruth Achlama
496 Seiten
Auch erhältlich als eBook

Die Geschichte eines Jungen, der mitten im Krieg auf ungewöhnliche Weise gezeugt wurde, der seinen Vater nie kennenlernte und später alles über Vogelkunde und Taubenzucht wissen wollte.

Roman
Aus dem Russischen von Sabine Grebing
und Johanna Marx
448 Seiten
Auch erhältlich als eBook und als Hörbuch-Download

Der Bienenzüchter Sergej lebt im Donbass, wo ukrainische Kämpfer und prorussische Separatisten Tag für Tag aufeinander schießen. Er überlebt nach dem Motto: Nichts hören, nichts sehen – sich raushalten. Ihn interessiert nur das Wohlergehen seiner Bienen. Denn während der Mensch für Zerstörung sorgt, herrscht bei ihnen eine weise Ordnung. Eines Frühlings bricht er auf: Er will die Bienen dorthin bringen, wo sie in Ruhe Nektar sammeln können.